UWE OMMER

FAMILLES

DU MONDE ENTIER

TEXTES DE
SOPHIE FURLAUD
PIERRE VERBOUD

SEUIL JEUNESSE

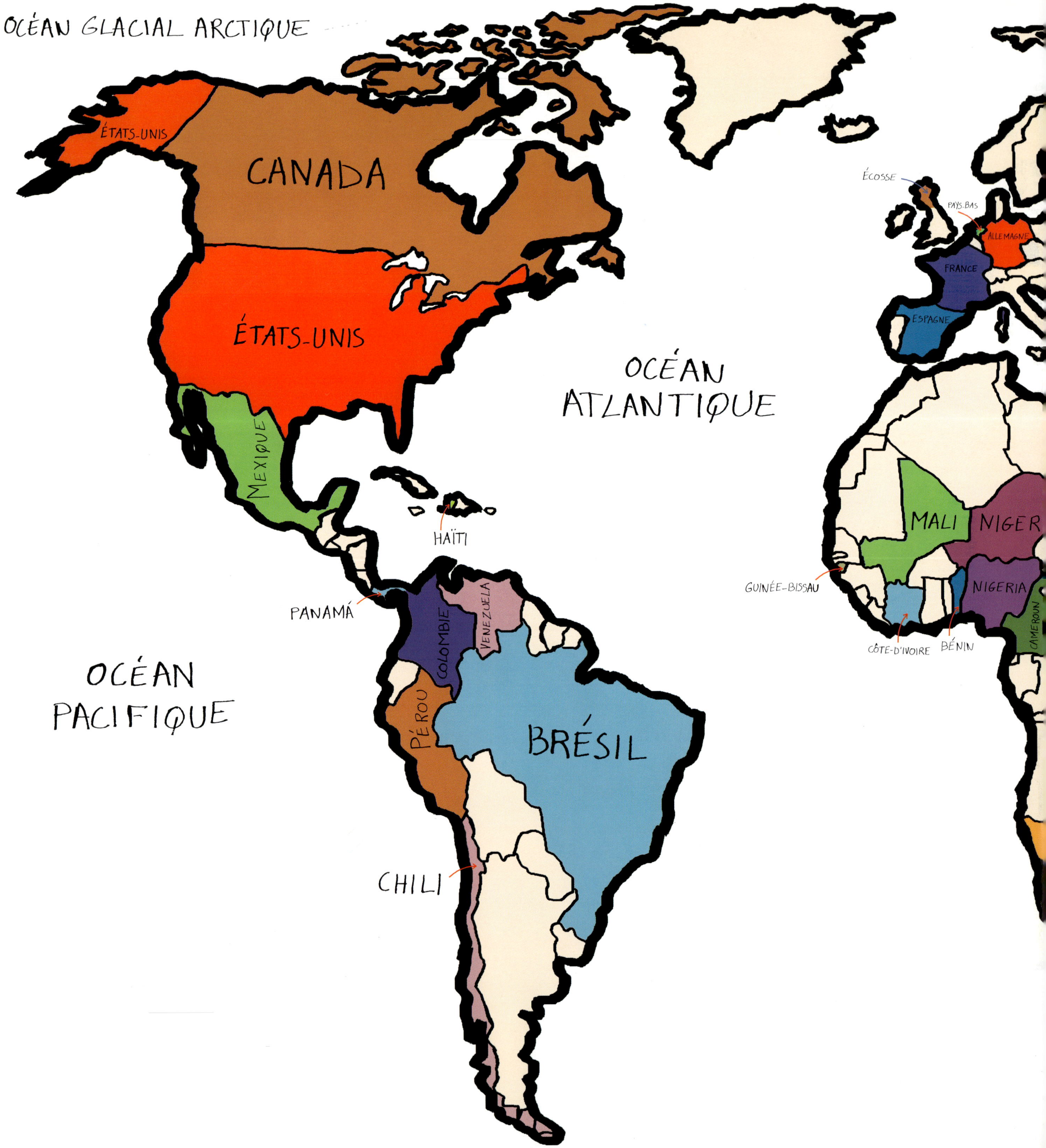
OCÉAN GLACIAL ARCTIQUE
ÉTATS-UNIS
CANADA
ÉTATS-UNIS
MEXIQUE
HAÏTI
PANAMÁ
COLOMBIE
VENEZUELA
PÉROU
BRÉSIL
CHILI
OCÉAN PACIFIQUE
OCÉAN ATLANTIQUE
ÉCOSSE
PAYS-BAS
ALLEMAGNE
FRANCE
ESPAGNE
MALI
NIGER
GUINÉE-BISSAU
NIGERIA
CAMEROUN
CÔTE-D'IVOIRE
BÉNIN

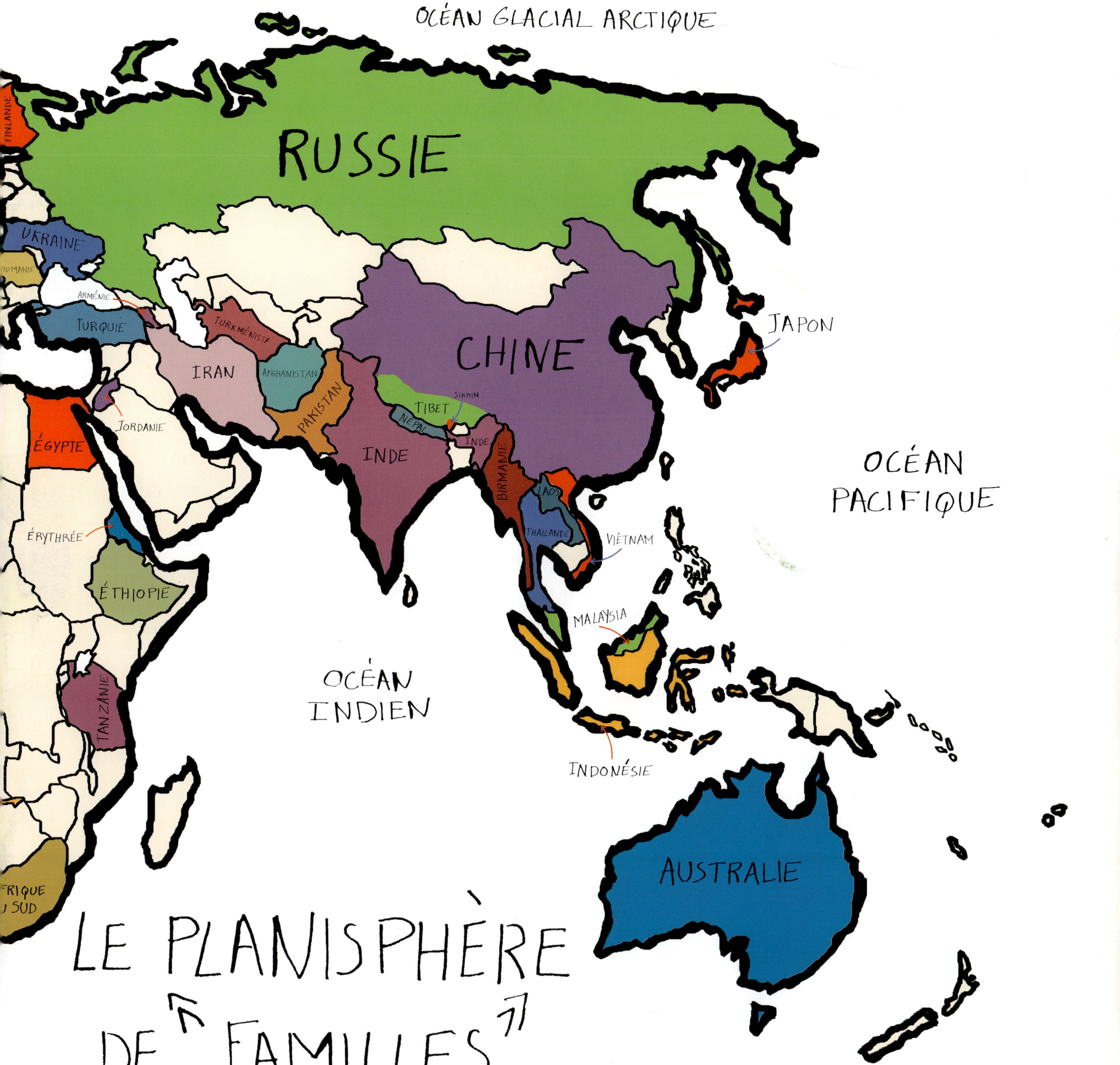

LE PLANISPHÈRE DE « FAMILLES »

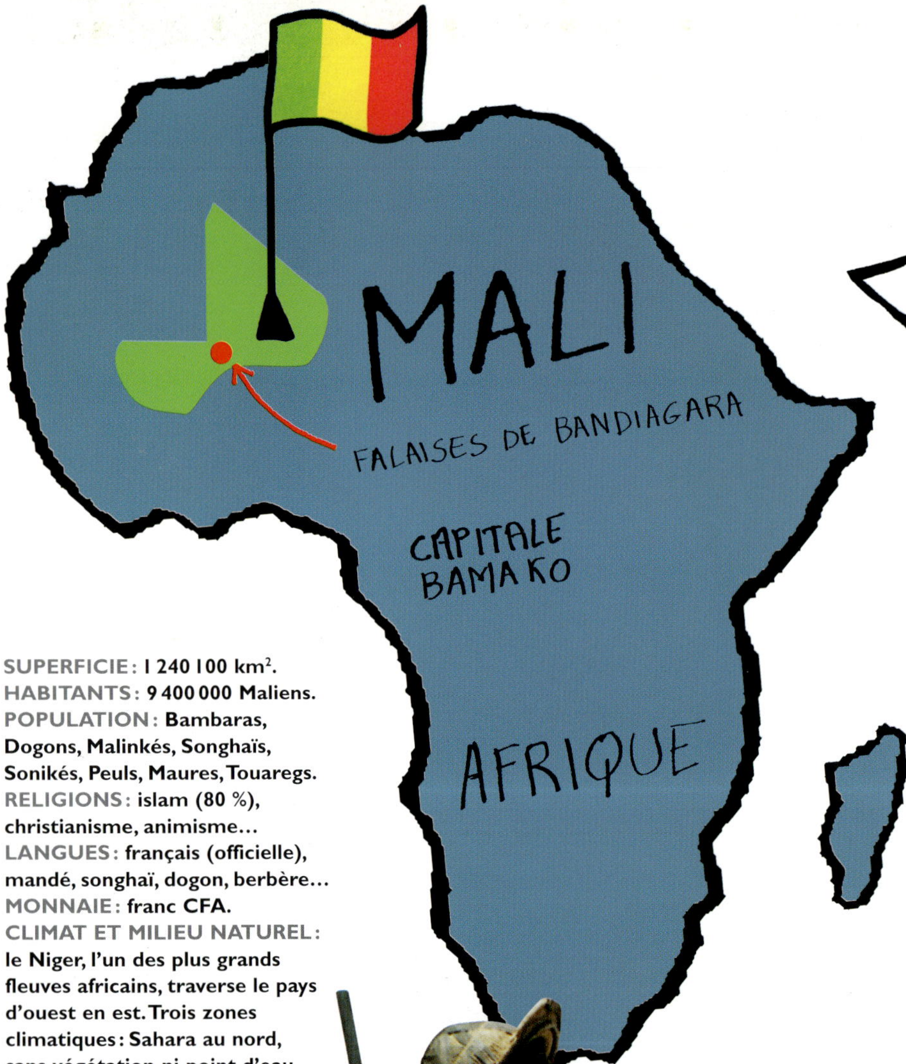

SUPERFICIE : 1 240 100 km².
HABITANTS : 9 400 000 Maliens.
POPULATION : Bambaras, Dogons, Malinkés, Songhaïs, Sonikés, Peuls, Maures, Touaregs.
RELIGIONS : islam (80 %), christianisme, animisme…
LANGUES : français (officielle), mandé, songhaï, dogon, berbère…
MONNAIE : franc CFA.
CLIMAT ET MILIEU NATUREL : le Niger, l'un des plus grands fleuves africains, traverse le pays d'ouest en est. Trois zones climatiques : Sahara au nord, sans végétation ni point d'eau, savane au centre et, au sud, des forêts le long des cours d'eau.
PRINCIPALES RESSOURCES NATURELLES ET AGRICOLES : bauxite, fer, manganèse, sel, phosphates, diamants, gypse, or. Maïs, mil, sorgho, riz, coton, arachide et canne à sucre.

SÉKOU
9 ANS

« Aga poo,

Tout à l'heure, le soleil se couchera derrière les falaises de Bandiagara et le soir apportera un peu de fraîcheur. Idrissa, le conteur, nous dira les légendes du peuple dogon. Ce peuple qui a toujours su résister aux envahisseurs. Mon peuple. On sera sous l'arbre aux racines géantes, bouche bée, à écouter Idrissa raconter les histoires d'Amma, le dieu suprême, et de Yurugu, le Renard pâle, que le devin du village consulte régulièrement.

Pour l'instant, le soleil brûle la *togouna*, cette sorte de cabane en bois où nous sommes. Là se réunissent les hommes quand ils veulent parler de choses importantes. Si le toit de la *togouna* est bas, c'est pour empêcher les gens de s'énerver ! Quand on s'emporte, on veut se lever et on se cogne la tête. Les Dogons pensent décidément à tout…

Le *hogon*, le grand chef du village, ne doit pas sortir de sa case, mon père est donc chargé de colporter sa parole, que tout le monde ici écoute avec beaucoup d'attention.

Après l'école, j'aide ma famille dans les champs. Nous cultivons le mil, le sorgho et les oignons, nous avons aussi quelques moutons. Le problème ici, c'est l'eau. Nos rivières sont à sec une bonne partie de l'année. Un petit barrage permet d'irriguer les cultures.

Il fait chaud, bien chaud. Un gros lézard, vert et rouge, le margouillat, guette au beau milieu de la cour le passage de la mouche maçonne qui fanfaronne sous son nez.

Tout à l'heure, le soleil se couchera derrière les falaises de Bandiagara et il fera frais. »

« La vache sert aussi pour aller à la chasse. »

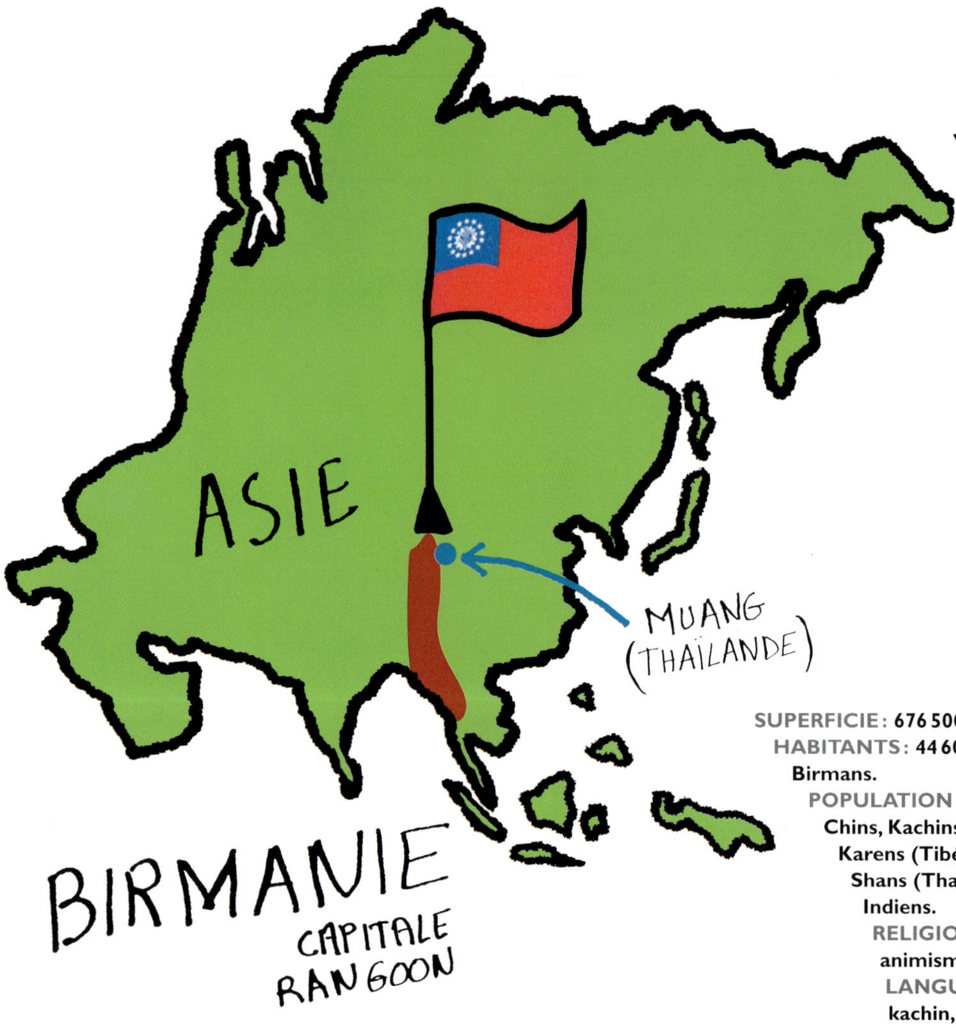

MA-DA

10 ANS

SUPERFICIE : 676 500 km².
HABITANTS : 44 600 000 Birmans.
POPULATION : Birmans, Chins, Kachins, Palaungs, Karens (Tibéto-Birmans), Shans (Thaïs), Môns, Chinois, Indiens.
RELIGIONS : bouddhisme, animisme, christianisme.
LANGUES : birman, karen, kachin, chin.
MONNAIE : kyat.
CLIMAT ET MILIEU NATUREL : climat de mousson à trois saisons : sèche, pluvieuse et froide. Montagnes au nord. La forêt couvre la moitié du pays.
PRINCIPALES RESSOURCES NATURELLES ET AGRICOLES : pétrole, minéraux, bois et pierres précieuses. Riz, blé, maïs, millet.

« Min gala ba,

Je suis sûre que tu n'as jamais vu de cou si long et si gracieux. Mais, quand on est une fille chez les Palaungs, c'est la tradition d'avoir un cou orné d'anneaux dorés.

J'ai un collier depuis l'âge de cinq ans. C'est le chaman, le sorcier de la tribu, qui est venu enrouler le premier cercle de cuivre autour de mon cou et de mes mollets. Je change d'anneaux tous les deux ans. Plus tard, mes anneaux seront définitifs et je ne les enlèverai plus. Je serai alors une vraie femme et pourrai me marier.

Sais-tu pourquoi nous portons ces lourds colliers (celui de ma mère pèse près de huit kilos) ? Cela remonte à la nuit des temps. On raconte qu'autrefois, les femmes de notre tribu étaient les victimes préférées des tigres. Pour se protéger de ces félins qui attaquent leurs proies en les mordant à la gorge, nous portions des anneaux d'or pour que les tigres se brisent les crocs dessus ! Depuis, cette protection est devenue une tradition puis un signe de beauté.

Résultat, nous sommes devenus une véritable curiosité. Les touristes se bousculent pour voir les dernières femmes girafes du monde. Nous venons de la Birmanie que nous avons dû fuir pour nous réfugier à Muang, de l'autre côté de la frontière, en Thaïlande, dans la jungle de Mae Hong Song. Nous n'avons d'autre choix que de vivre du tourisme. L'entrée de notre campement est donc payante. Nous vendons des souvenirs et nous nous laissons photographier. Ce n'est pas toujours facile de préserver nos traditions dans ces incessantes allées et venues, et ces regards curieux qui finissent par peser plus lourds que nos colliers. Malgré tout, je suis heureuse de faire partie des femmes girafes et j'espère qu'il y en aura toujours. »

« Les enfants du village sont toujours les bienvenus dans notre case ! »

ISABEL
10 ANS

SUPERFICIE : 1 141 700 km².
HABITANTS : 33 000 000 Colombiens.
POPULATION : Blancs, Noirs, Amérindiens (Guambianos), Métis.
RELIGION : catholicisme.
LANGUES : espagnol, guambiano…
MONNAIE : peso.
CLIMAT ET MILIEU NATUREL : la cordillère des Andes, vaste chaîne montagneuse, s'étend sur 450 km de large. La forêt amazonienne couvre le sud du pays.
PRINCIPALES RESSOURCES AGRICOLES : café (arabica), maïs, blé, pommes de terre, canne à sucre, coton, cacao, bananes.

« C'est notre bus qui arrive. Destination : le marché de Silvia. »
Photo de droite : ma tante (à droite) et ses deux garçons, mes parents avec ma sœur.

« Buenos días,

Il faut que tu viennes à Silvia un mardi. C'est le jour du marché et nous débarquons à l'aube, comme les autres Indiens Guambianos, avec nos cargaisons de légumes, de fruits et nos ponchos de toutes les couleurs tissés main.

Nous faisons le trajet qui sépare notre village de la ville dans un *chiva* : un drôle de bus qui sillonne les petites routes de Colombie et qui ressemble à un gros jouet de toutes les couleurs. À l'intérieur, c'est toujours bondé, on est serré comme des sardines sur des bancs en bois. Il y a même des passagers sur le toit au milieu des chèvres et des sacs de pommes de terre ! Jesus Antonio, mon cousin, avait peur qu'on lui mette aussi son petit chien là-haut, alors il l'a caché sous son poncho…

Mon papa, Florentino, cultive la terre. Comme il pleut beaucoup dans notre région montagneuse, les légumes sont magnifiques. Il se fait aider par *Mamacita*, ma maman, et par ma tante. Comme tous les Indiens Guambianos, nous tissons la laine. Avec *Mamacita* et ma sœur aînée, nous confectionnons ponchos, écharpes et *polleras*, ces jupes épaisses que même les hommes portent. On en a bien besoin parce qu'ici, à 2 600 mètres, il ne fait pas très chaud.

Le reste du temps, je vais à l'école où j'apprends le calcul, l'espagnol et le guambiano. Je suis très heureuse de pouvoir encore parler cette langue car nous ne sommes plus que 12 000 dans tout le pays. Il y a plein d'autres tribus indiennes en Colombie mais on dit que nous, les Guambianos, avons su mieux que les autres préserver nos traditions. Et comme j'avais envie que l'on nous connaisse, nous avons tous posé devant l'objectif du photographe ! »

WANG

5 ANS

SUPERFICIE : 9 560 000 km².
HABITANTS : 1 185 170 000 Chinois. La Chine compte plus du cinquième de la population mondiale.
POPULATION : Hans, Tibétains, Mongols.
RELIGIONS : bouddhisme, taoïsme, islam, christianisme, judaïsme.
LANGUES : mandarin, cantonnais, langues minoritaires.
MONNAIE : yuan.
CLIMAT ET MILIEU NATUREL : climat aride dans l'ouest et plus doux à l'est. Blocs montagneux au sud, dans la région tibétaine, et grandes plaines au nord.
PRINCIPALES RESSOURCES NATURELLES ET AGRICOLES : charbon (2e rang mondial après les États-Unis). Blé et riz (1er rang mondial), coton, tabac, maïs, thé.

« Nihao,

Je te présente ma famille. Mon père, Chang Peng, qui est le chef du village, ma mère, Qiu Jin, et ma petite sœur, Xia Tun. En Chine, nous sommes plus d'un milliard. C'est beaucoup, alors l'État fait tout ce qu'il peut pour que les familles n'aient qu'un seul enfant. J'ai donc de la chance d'avoir une petite sœur, même si elle pleure beaucoup…

Notre région du Guizhou, sur les hauts plateaux du sud de la Chine, est la plus pauvre des provinces du pays. Heureusement, nous avons une petite rizière et mangeons ainsi tous les jours à notre faim. Je reviens des champs et mes bottes sont encore pleines de boue. Le riz ressemble un peu au blé en herbe, mais il aime bien avoir les pieds dans l'eau. Et puis, les rizières, c'est tellement beau ! Parfois, le ciel et les nuages s'y reflètent, comme dans un miroir.

L'eau du thé chante sur ce gros poêle qui sert aussi de table. Nous en buvons toute la journée. Il y en a de toutes sortes, noir, rouge, vert, jaune… quelques feuilles jetées dans l'eau bouillante et c'est prêt !

Tout à l'heure, j'irai parler aux animaux de la basse-cour. Au buffle costaud qui nous aide aux labours, aux cochons, aux poules et aux canards, même si je préfère la compagnie des licornes, des chimères et des dragons cornus des contes et légendes chinois. »

« En Chine, même les taxis sont à pédales : ce sont les cyclo-pousse… »

佛
PUMA

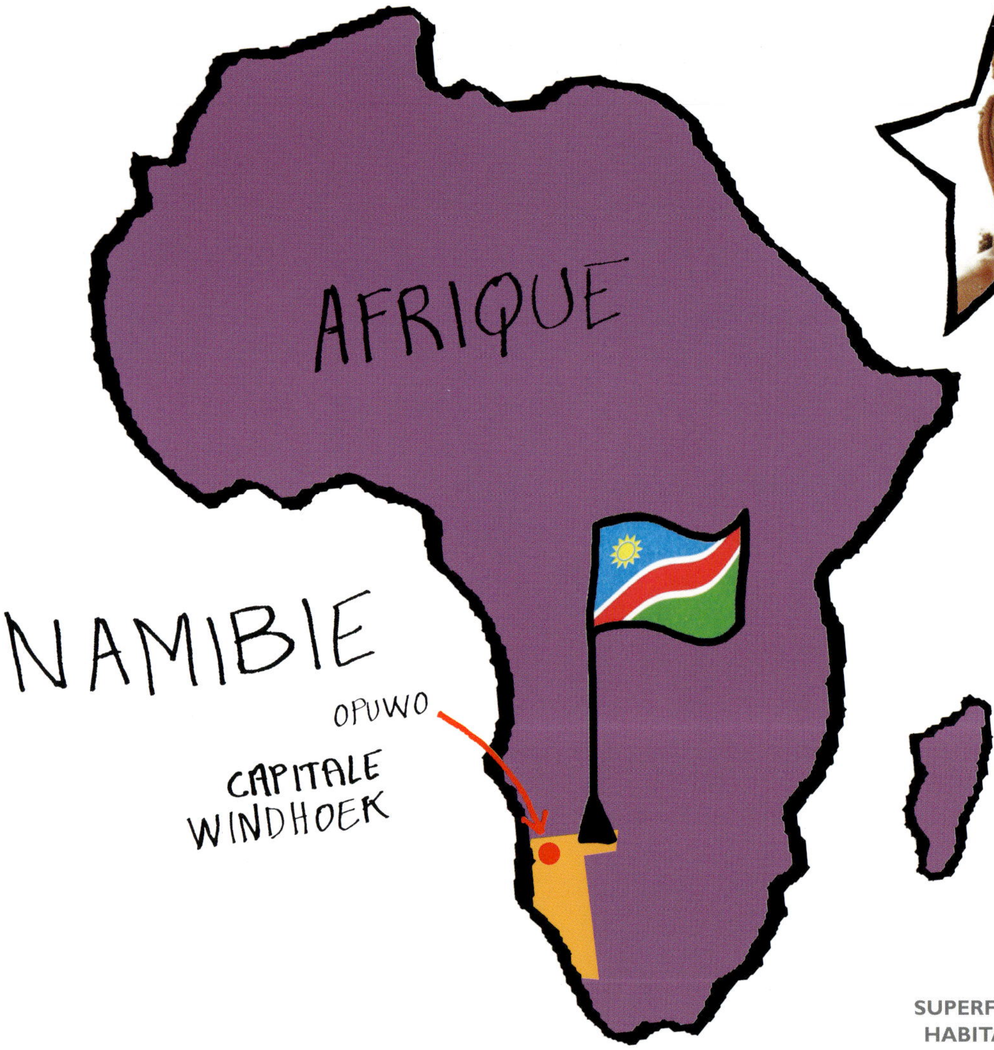

MUKAMA
15 ANS

« Kora,

Si tu veux me rencontrer, moi, Mukama, il te faudra parcourir les kilomètres de piste poussiéreuse qui mène à Opuwo, dans la savane désertique du nord de la Namibie, le Kaokoveld. C'est une région oubliée du monde.

Mon père a quatre épouses et je suis l'aînée de ses six enfants. Nous vivons dans un paysage désolé de buissons épineux, de broussailles et de plaines caillouteuses, royaume des éléphants, des zèbres de montagne, des rhinocéros, de l'araignée crabe à six yeux et… de la tribu des Himbas !

Ici, rien n'a changé depuis des milliers d'années. Nous devons la couleur de notre peau à une vieille coutume himba. Nous nous recouvrons le corps d'une crème composée de pierre rouge finement pilée, mélangée à de la graisse de chèvre. Tous les matins, je m'en enduis le corps et même les cheveux. Elle nous protège du soleil et des moustiques. Comme toutes les femmes himbas, je garde les seins nus. Les missionnaires ont bien essayé de nous convertir et de nous faire dissimuler notre nudité. Rien à faire, j'aime ma tenue traditionnelle himba : une simple jupette de peau de chèvre avec des cordons de coquillages.

J'accorde une grande importance à ma coiffure. Je suis très coquette. J'ai des tresses et une coiffe qui ressemble à deux petites cornes, des colliers de cuir et de coquillages, des bracelets aux chevilles, aux genoux et aux bras.

Les chèvres et les moutons doivent m'attendre ! Je retourne garder le troupeau, notre bien le plus précieux. »

SUPERFICIE : 824 200 km².
HABITANTS : 1 425 000 Namibiens.
POPULATION : Ovambos (50 %), Boshimans, Hereros (Himbas), Kavangos.
RELIGION : christianisme.
LANGUES : afrikaans (officielle), anglais, khoïsanes, ovambo, allemand.
MONNAIE : dollar namibien.
CLIMAT ET MILIEU NATUREL : pays de déserts avec le Namib, froid et aride, et le Kalahari. Au centre, des plateaux couverts de savane. Bien que désertique, le pays est alimenté en eau grâce à des nappes souterraines.
PRINCIPALES RESSOURCES NATURELLES ET AGRICOLES : diamants dans le Sud, uranium. Mil, sorgho, maïs.

« Les petits du village, devant notre étable à chèvres. »
Photo de droite : mon père, ses quatre femmes et mes frères et sœurs.

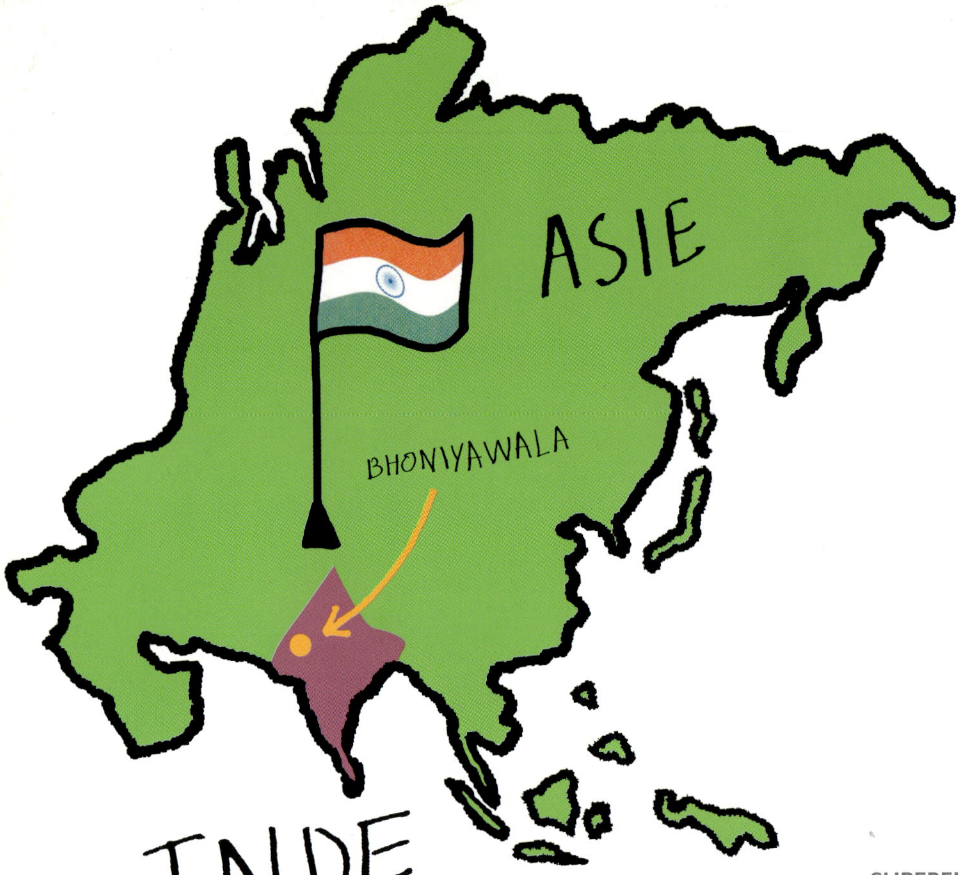

LALITA
9 ANS

INDE
CAPITALE DELHI

SUPERFICIE : 3 287 200 km².
HABITANTS : 844 324 000 Indiens.
RELIGIONS : hindouisme (85 %), islam, sikhs, parsis, christianisme.
LANGUES : hindi, anglais ; chaque état ayant une ou plusieurs langues officielles dont le tamoul dans le sud du pays.
MONNAIE : roupie indienne.
CLIMAT ET MILIEU NATUREL : climat rythmé par les moussons qui entraînent de fortes pluies de mai à septembre. Tempêtes tropicales en automne dans les régions orientales.
PRINCIPALES RESSOURCES AGRICOLES : riz dans les régions pluvieuses (côtes est et ouest), blé dans le Nord. Thé et café dans les bordures himalayennes.

« Mon père a rapporté cette photo du Temple d'Or d'Amritsar. » Photo de droite : mon père (à gauche), ma grand-mère, ma mère, ma tante, mon frère et ma sœur.

« Namastē,

Je m'appelle Lalita. Je suis là, en sari fleuri, assise en tailleur à l'arrière de la carriole, entourée de ma famille. Je souris à l'ombre de cet arbre qu'on appelle banian.

J'habite le Rajasthan, "la région des dieux". C'est une région du nord de l'Inde occupée par un immense désert, le Thar. Je vis dans un petit village : Bhoniyawala, situé sur les anciennes terres de chasse du maharaja d'Udaipur. Imagine… Autrefois, ces princes indiens descendants des dieux, coiffés d'un turban, quittaient leurs somptueux palais entourés d'eau pour chasser le tigre à dos d'éléphant…

Voici ma famille. Ma sœur Puja, à côté de moi, qui a un point rouge sur le front : le *bindi*. On le porte lorsque l'on est mariée ou en âge de l'être. Je n'ai que 9 ans, j'ai encore le temps. Au premier plan, Ram Phool, ma grand-mère, n'en porte plus car elle est veuve.

Chez nous, les couleurs sont à la fête. Regarde les voiles des femmes. Rouge piment ! Jaune safran ! Les couleurs des épices. Les colliers et les bracelets étincelants ! En revanche, les hommes sont moins fantaisistes… si mon frère et mon père sont vêtus de blanc, c'est pour se protéger du soleil.

Nous revenons d'une journée de travaux aux champs. Mes parents vivent de la culture des légumes et du riz. Quand je ne vais pas à l'école, avec mes amis en uniforme que tu vois courir derrière nous, j'aide à la moisson. Notre fidèle dromadaire nous sert de tracteur ! Il nous conduit aux champs et transporte nos récoltes. C'est moi qui lui donne à boire de l'eau fraîche le matin, quand je me lève… »

KSENIAH

6 ANS

« Zdravstvuytié !

Aujourd'hui, c'est dimanche et j'aide mes arrière-grands-parents, Smejon et Ana, à vendre des pastèques pour quelques roubles. Les pastèques, ce n'est pas nous qui les cultivons mais des paysans des alentours. J'adore jouer à la marchande ! Alors j'aide, je me rends utile. C'est moi qui porte les pastèques bien lourdes. Ana les coupe en deux. Et on attend les clients.

Ma ville s'appelle Volgograd. Avant c'était Stalingrad, lieu de la grande victoire patriotique contre l'Allemagne nazie pendant la Seconde Guerre mondiale. Smejon s'en souvient et en parle parfois. Il est fier d'avoir participé à cette guerre. Il avait 20 ans.

Moi je préfère le nom de Volgograd. Ça sonne bien. Essaie de prononcer en roulant le *r* à la slave, du fond de la gorge. "Volgogrrrad", la ville au bord de la Volga. Je rêve de faire une croisière sur ce fleuve, le plus long d'Europe. Voir défiler les forêts de sapins, les contreforts de l'Oural, les églises et leurs bulbes… Un jour, peut-être.

Le soir, dans notre datcha en bois, Smejon me raconte des histoires de l'ancien temps. Il a plein de livres dans sa bibliothèque. Parfois, je les regarde toute seule, c'est impressionnant. Tous ces noms sur les couvertures, Pouchkine, Tolstoï, Dostoïevski… »

SUPERFICIE : 17 075 400 km².
HABITANTS : 149 469 000 Russes.
POPULATION : Russes, Tatars, Ukrainiens, Tchouvaches, Bachkirs.
RELIGION : orthodoxie.
LANGUES : russe, langues et dialectes des différentes minorités.
MONNAIE : rouble.
CLIMAT ET MILIEU NATUREL : grande diversité des climats et milieux naturels. Le Nord sibérien est marqué par un climat continental très froid où s'étend la toundra. Le sud de la partie européenne est constitué de riches sols de terre noire et le nord, de steppes ouvertes sur la forêt.
PRINCIPALES RESSOURCES NATURELLES ET AGRICOLES : charbon, fer et hydrocarbures dans le Caucase nord et le bassin de la Volga. Céréales, tournesols, betteraves.

« Célèbre statue de la "mère Russie", en souvenir de la victoire de Stalingrad en 1943. Elle mesure 72 mètres de haut ! »

ÉRYTHRÉE

CAPITALE
ASMARA

HAMID

15 ANS

« Salam,

J'habite à la lisière de l'Afrique et de l'Asie, au bord de la mer Rouge. Tu n'as probablement jamais entendu parler de l'Érythrée. Elle forme avec l'Éthiopie, Djibouti, la Somalie et le Kenya, ce qu'on appelle la Corne de l'Afrique, une contrée isolée par ses montagnes et ses déserts. On y trouve encore aujourd'hui de très anciennes civilisations, certaines remontant au temps du roi Salomon et de la reine de Saba…

Nous, nous sommes des Rashaidas. Mes ancêtres ont quitté l'Arabie Saoudite, il y a plus d'un siècle, pour s'installer en Érythrée, aux côtés des Tigréens, chrétiens orthodoxes, des Bedjas et des Afars, musulmans comme nous.

Tu as sans doute remarqué ma petite sœur, derrière moi. Dès l'âge de cinq ans, les filles portent chez nous un voile, le *burga*, brodé de fils d'argent et de perles, qui dissimule le bas du visage.

À l'image de nos ancêtres, de l'autre côté de la mer Rouge, nous sommes nomades, mais vivons du commerce. En ce moment, nous sommes à Massawa, une grande ville côtière. Et nous allons de marché en marché pour vendre des dromadaires, les plus beaux, dit-on, de l'Afrique de l'Est. Tu vois, il faut travailler dur pour sortir notre pays de la misère où l'ont plongé trente ans de guerre avec nos voisins du sud éthiopiens. Ce n'est qu'en 1993 que nous avons accédé à l'indépendance. Autrefois, nous avons même été colonisés par l'Italie. D'ailleurs, Asmara, notre capitale, ressemble à une ville de province italienne des années 1930 avec sa cathédrale, l'Impero, son vieux cinéma majestueux, ses expresso, ses Fiat 600…

Tu comprends maintenant pourquoi l'Érythrée, si elle attire toujours aussi peu les touristes, fascine autant les aventuriers et les poètes. »

SUPERFICIE : 117 600 km².
HABITANTS : 3 600 000 Érythréens.
POPULATION : Afars, Tigréens, Tigrés, Bedjas, Italiens…
RELIGIONS : islam, christianisme.
LANGUES : arabe, tigray.
MONNAIE : nakfa.
CLIMAT ET MILIEU NATUREL : climat méditerranéen en altitude, très chaud sur le littoral. Pays bordé par la mer Rouge. Au sud, la plaine côtière forme le désert du Danakil, aussi appelé déserts des Afars.
PRINCIPALES RESSOURCES AGRICOLES : olives, vignes et blé sur les hauts plateaux.

« Non, ce n'est pas le marché des dromadaires, mais le marché du bois pour faire la cuisine… Le bois est rare chez nous. »
Photo de droite : ma mère, ma tante avec son bébé, mon frère et mes trois sœurs.

KAMILLE
4 ANS

SUPERFICIE : 8 512 000 km².
HABITANTS : 156 310 000 Brésiliens.
POPULATION : Métis, Blancs, Noirs, Amérindiens.
RELIGION : catholicisme.
LANGUE : portugais.
MONNAIE : réal.
CLIMAT ET MILIEU NATUREL : tous les types de climats tropicaux. L'intérieur est plus sec et chaud que le littoral. Forêt amazonienne au nord-ouest du pays.
PRINCIPALES RESSOURCES AGRICOLES : canne à sucre, cacao, riz, tabac, noix de coco, coton, soja, café, oranges.

« Bom dia,

Au Brésil, on vit tout le temps dehors avec le soleil, la mer et la musique qu'on entend partout, dans la rue ou sur la plage.

Le Brésil est le pays le plus métissé du monde ! Mulâtres aux cheveux blonds, bruns aux yeux verts, Indiens, Noirs d'origine africaine, Blancs aux ancêtres portugais ou allemands… Des milliers de sourires et des milliers de corps.

Tu dois savoir que pour les Brésiliens, le corps est l'objet de toutes les attentions. Surtout chez ceux qui vivent au bord de l'Atlantique. Si tu vas à Rio, sur les plages d'Ipanema ou de Copacabana, tu comprendras : on joue au foot, au volley, on pratique la *capoeira*, une sorte de lutte tribale sur des rythmes africains, on court sur le sable et on danse bien sûr. Maman, qui est professeur de gymnastique, m'entraîne justement à danser la samba.

Cette musique est née dans les quartiers pauvres de Rio, il y a près de cent ans, pour accompagner le carnaval au mois de février. Je ne manquerais ça pour rien au monde. Papa, maman et moi, nous nous déguisons toujours et on va voir défiler les écoles de samba très tard dans la nuit.

Actuellement, nous sommes en vacances à Praia do Francês, au bord de la mer, dans la région de Recife, mais nous habitons à plus de mille kilomètres de là, à Brasília. Tu connais son histoire ? C'est une aventure extraordinaire. Il fallait trouver une capitale qui rassemble tous les Brésiliens. On a alors décidé de créer Brasília dans les années cinquante, au centre du pays, sur un plateau désertique.

Mais comme papa est militaire, nous allons bientôt déménager. Ce n'est pas grave, comme ça, j'aurai des amis dans tout le Brésil ! »

« Les perroquets ont la réputation d'être bavards, alors on en fait des cabines de téléphone. »

CEDEYAH

6 ANS

« Sobh bekheir !

Ma mère, mes sœurs et moi sommes drapées dans un tchador, un long voile noir. Moi, je pourrais m'en passer car le tchador n'est pas obligatoire avant 7 ans. Mais j'ai tellement envie de ressembler aux grandes personnes ! Une fois chez nous, on l'enlève. Il ne nous empêche pas d'être coquettes et de porter de jolies robes dessous.

À l'origine, nous sommes des Persans. Dans l'Antiquité, l'Empire perse était le plus vaste du monde et rivalisait avec l'Empire romain. Du IIIe au VIe siècle, il s'étendait même de la Méditerranée à l'Inde. La Perse vécut alors la période la plus brillante de son histoire avant de subir la domination arabe puis turque et mongole, et de se convertir à l'islam.

Nous sommes des musulmans chiites – à ne pas confondre avec les musulmans sunnites. C'est en Iran, en 1979, qu'a eu lieu la première révolution islamiste autour de l'ayatollah Khomeiny qui renversa le roi, le shah d'Iran. Mon pays est aujourd'hui une république islamique.

J'habite Téhéran, la capitale, à côté du bazar. Nous sommes en ce moment en vacances, comme chaque année, dans la ville sainte de Machhad et en profitons pour nous recueillir sur la tombe de l'imam Ali Reza, l'un des huit descendants du prophète Mahomet. Un nombre incroyable de pèlerins vient ici.

Dans quelques jours, nous repartirons. En train, bien sûr, car mon père est chef de gare ! Un jour, nous visiterons les cités perses, sur l'ancienne route de la soie et des caravansérails. Nous ferons halte à Ispahan, la cité bleue, à Chiraz, la cité des rossignols, à Kachan, la cité des *Mille et Une Nuits*.

Je rapporterai dans ma valise de l'eau de rose, du safran et, peut-être, la plus odorante des fleurs, la rose du Prophète, porte-bonheur… »

SUPERFICIE : 1 648 000 km^2.
HABITANTS : 60 000 000 Iraniens.
POPULATION : Azéris, Kurdes, Lurs, Guilacs, Baloutches, Turkmènes.
RELIGION : islam chiite (80 %).
LANGUE : persan.
MONNAIE : rial.
CLIMAT ET MILIEU NATUREL : climat aride de type continental avec des étés torrides et des hivers très froids.
PRINCIPALES RESSOURCES NATURELLES ET AGRICOLES : pétrole, gaz. Blé, orge, riz, dattes, pistaches, amandes, agrumes, betteraves et canne à sucre. Caviar (227 t par an).

« La cité fortifiée de Bam. Ses murs en argile, du XIIe siècle, ont su résister au temps. »

VALENTIN

12 ANS

« Oku,

Bienvenue dans notre atelier de couture, *Le retour des modes*. Il est situé dans la rue principale d'Abomey, une importante ville du pays. Notre machine à coudre est posée sur le trottoir au milieu des passants, des vendeurs ambulants et des Mobylette, à deux pas du coiffeur et des vendeurs de brochettes. Le petit bruit familier de l'aiguille attire les gens. C'est bon pour le commerce !

Eh oui, j'ai déjà un métier ! Je suis apprenti chez Denis, mon patron. Il me considère comme son fils. Maintenant, je sais prendre les mesures avec le mètre, je coupe le tissu à partir des modèles que nous apportent les clients et puis je fais tourner cette vieille machine à coudre importée d'Europe. Mais si je sais faire des chemises et des pantalons, je ne sais pas encore confectionner de boubous, comme celui d'Eulalie sur la photo. Et les femmes chez nous sont très coquettes, très exigeantes !

En travaillant, j'apporte ainsi un peu d'argent à mes parents qui ne sont pas bien riches. Le reste du temps, je vais à l'école du quartier. Ma matière préférée, c'est le dessin. Dans mon cahier, je m'amuse à dessiner de beaux vêtements. Plus tard, je serai styliste !

Comme beaucoup de Béninois, je suis catholique. Je vais régulièrement avec ma famille à l'église et nous chantons tous dans une chorale. Ce qui ne nous empêche pas de croire un peu au vaudou. Ce culte magique, qui mélange sorcellerie et rituel chrétien, est né ici, au Bénin. Figure-toi que j'ai déjà assisté à une cérémonie vaudou destinée à guérir une voisine. Le féticheur a fait danser la femme avant de sacrifier un poulet au seuil de la case. J'étais très impressionné… »

SUPERFICIE : 112 600 km².
HABITANTS : 5 400 000 Béninois.
POPULATION : Fons, Yoroubas, Gouns, Baribas, Sombas, Minas, Adjas, Haoussas, Peuls.
RELIGIONS : catholicisme, islam, protestantisme, animisme.
LANGUES : français (officielle), haoussa, yorouba, fon.
MONNAIE : franc CFA.
CLIMAT ET MILIEU NATUREL : au sud, climat subéquatorial chaud, humide et forestier ; au nord, climat tropical, savane.
PRINCIPALES RESSOURCES NATURELLES ET AGRICOLES : pétrole au large de Cotonou. Manioc, patates douces, maïs au sud, et bétail dans le nord grâce à l'absence de mouches tsé-tsé.

« Voici Marius, chauffeur de moto-taxi. On les appelle les *zenidjans*, c'est-à-dire "Emmène-moi vite !". »
Photo de droite : Denis et sa femme avec leur bébé, et Augustin à côté de moi.

LE RETOUR DES MODES

AFGHANISTAN

CAPITALE KABOUL

FAZIL

6 ANS

SUPERFICIE: 652 100 km².
HABITANTS: 21 765 000 Afghans.
POPULATION: Pashtouns (38 %), Tadjiks, Ouzbeks, Turkmènes, Kirghiz, Nouristanis, Kafirs.
RELIGIONS: islam (sunnite 84 %, chiite), hindouisme.
LANGUES: pashtou, dari (persan oriental), ouzbek, turkmène, kirghiz, baloutche.
MONNAIE: afghani.
CLIMAT ET MILIEU NATUREL: pays de hautes et moyennes montagnes, situé dans le prolongement de l'Himalaya. Hivers très froids et étés torrides.
PRINCIPALE RESSOURCE AGRICOLE: blé, principale culture et base de l'alimentation.

« Salam,

Avant les événements du 11 septembre 2001, on parlait peu de l'Afghanistan.

C'est pourtant un très beau pays. Je l'aime sans jamais y être allé car je vis de l'autre côté de la frontière, au Pakistan, dans un camp de réfugiés à Quetta.

Papa, avec son grand turban sur la tête, derrière ma sœur Alia, travaille sur un chantier comme maçon. Il a quitté l'Afghanistan à l'âge de 17 ans parce que notre pays était en guerre contre les Russes qui avaient tout envahi. Déjà en guerre! Les Afghans n'ont pas connu la paix ces vingt dernières années.

Nous habitons de petites cabanes en terre sèche très rudimentaires. Maman, comme toutes les femmes pashtounes – c'est le nom de notre ethnie, la plus importante d'Afghanistan –, travaille beaucoup. Elle s'occupe de mes frères et sœurs, mais aussi de la cuisine: elle moud le grain, prépare la farine, cuit le pain. On ne la voit pas ici parce que papa, fervent musulman, n'autorise pas sa femme à parler à une personne étrangère et encore moins à poser devant un appareil photo.

Comme il n'y a pas d'eau courante dans le camp, je vais plusieurs fois par jour à la fontaine publique en chercher de pleins seaux. Heureusement qu'il y a mes cousins pour venir avec moi!

Avec le retour de la paix, j'espère rentrer un jour dans mon pays. J'ai hâte de découvrir les bazars de Kaboul, d'entendre les cris des vendeurs ambulants, les klaxons, les rires, les chants des oiseaux… et de voir voler ce cerf-volant que je tiens dans la main! »

« Notre seul souvenir du pays: une photo de mes oncles restés là-bas. »
Photo de droite: mon papa (au centre), mes oncles, mes cousins et mes frères et sœurs.

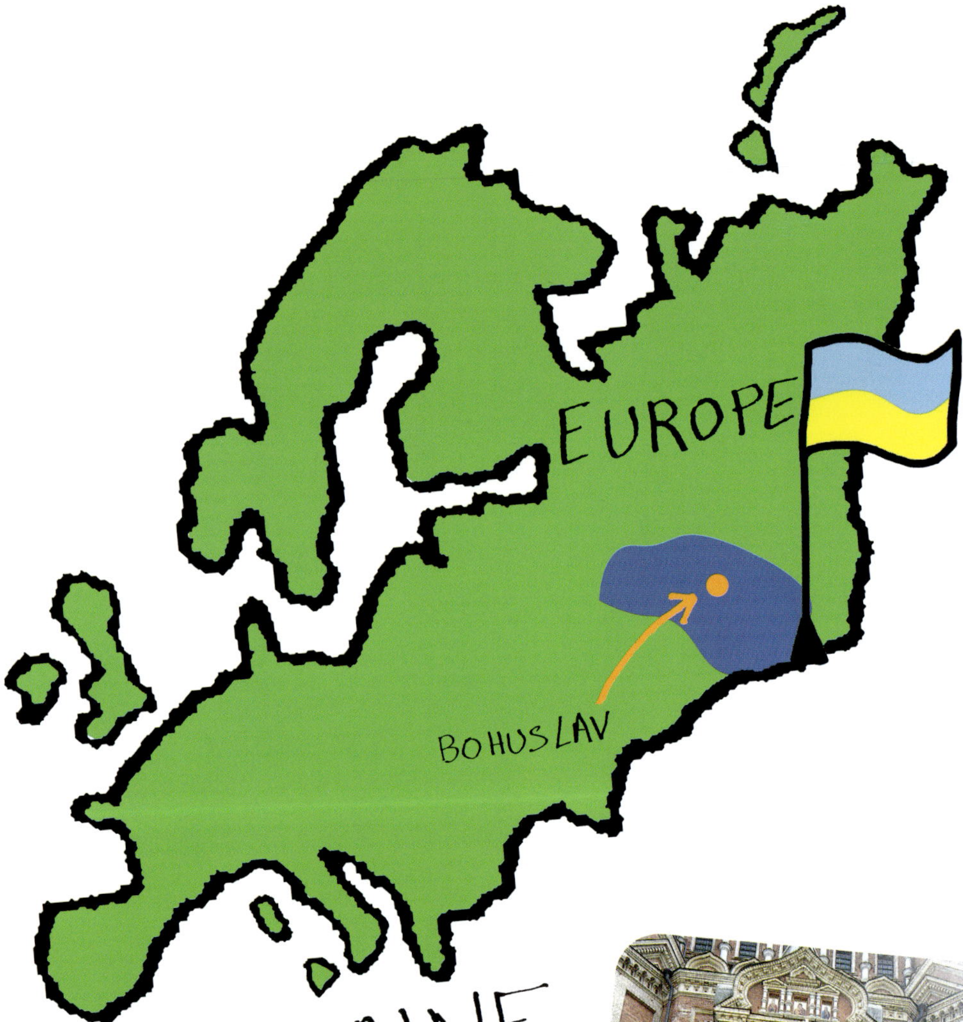

VADIM
7 ANS

UKRAINE
CAPITALE
KIEV

« Priviet,

Ah ! Enfin les vacances chez Baboushka et Diedouchka ! Baboushka, ma grand-mère, et Diedouchka, mon grand-père. Dimitri et moi, on adore aller chez eux à Bohuslav. Ils nous trimbalent dans leur side-car. Il faut bien s'accrocher ! Parfois, on part en excursion jusqu'à la mer Noire pour se baigner et même une fois jusqu'en Crimée pour voir le château de Tourgueniev, mon écrivain favori. Il est ukrainien, comme moi ! Le plus souvent, on ne dépasse pas le potager de mes grands-parents. Vraiment pratique ce side-car pour ramasser les fruits et les légumes. Surtout pour Babouchka et Diedouchka qui sont agriculteurs. Chez nous, en Ukraine, les récoltes sont bonnes grâce aux terres noires tellement fertiles. Mon pays a même été surnommé le "grenier à blé de l'URSS".

Ça a été très dur pour mes grands-parents et les Ukrainiens lorsqu'a eu lieu la catastrophe de Tchernobyl. C'était en 1986. Une centrale nucléaire a explosé. Un énorme nuage de poussières radioactives s'est échappé dans l'atmosphère, survolant les frontières et irradiant du même coup plus d'un million de personnes dans mon pays et ailleurs en Europe.

Bohuslav nous change de Kiev où nous habitons. Kiev est une très grande ville, baignée par le Dniepr, avec une cathédrale très connue, Sainte-Sophie, surmontée de belles coupoles dorées. La première capitale de la Russie au IXe siècle, avant de devenir celle de l'Ukraine qui se désolidarisa de l'URSS en 1991.

Ici, c'est surtout la terre des Cosaques, ces pilleurs au service des tsars russes qui, au XVIIe siècle, défendirent les rives du Dniepr contre l'envahisseur Tatar. Du haut de notre side-car, Dimitri et moi, on imagine qu'on est des cosaques à cheval dans la taïga ! »

SUPERFICIE : 603 700 km².
HABITANTS : 52 135 000 Ukrainiens.
POPULATION : Ukrainiens (73 %), Russes, Biélorusses.
RELIGIONS : orthodoxie, catholicisme.
LANGUES : ukrainien, russe.
MONNAIE : grivna.
CLIMAT ET MILIEU NATUREL : climat continental avec des hivers très rudes. Vastes plaines peu ondulées dans la partie occidentale. Sécheresse dans les régions orientales et méridionales.
PRINCIPALES RESSOURCES NATURELLES ET AGRICOLES : fer, charbon, manganèse, pétrole, gaz naturel. Blé, orge.

« L'église orthodoxe à côté de chez moi. »

KELEMBA
3 ANS

« Jambo,

Je suis tout petit mais déjà très courageux, comme tous les Massaïs, la tribu des guerriers les plus fiers de l'Afrique, du côté de la Tanzanie et du Kenya.

Il n'y a pas si longtemps, un jeune Massaï devait partir tout seul dans la savane et tuer un lion avec sa lance pour être considéré comme adulte… Maintenant, je passerai simplement les épreuves d'initiation.

À 13 ans, je serai circoncis, et deviendrai alors un *morane*, c'est le nom des jeunes guerriers. Avec les autres garçons de mon âge, je vivrai dans un camp à l'écart de ma famille. Là, j'apprendrai à me battre et à chasser. J'aurai ma lance et mon bouclier.

À 17 ans, le *laibon*, notre chef, me confiera la mission de protéger le village mais aussi de prendre les armes pour attaquer les tribus rivales, en cas de vol de bétail, ou pour traquer les lions qui rôdent la nuit autour de nos cases et des enclos. Une sorte de service militaire qui durera dix ans. Dix ans où j'apprendrai à être un homme, un vrai Massaï. J'aurai le corps enduit de terre et de graisse de bœuf, et des petites tresses au sommet du crâne. Dans la plaine aride d'Arusha, on me verra de loin à cause du rouge éclatant de mon manteau – comme celui de Milia, mon grand-père.

Ce n'est que vers 30 ans que j'aurai le droit de me marier. Pour nourrir ma famille, j'aurai du bétail. De belles vaches à qui nous, Massaïs, devons tout. Nous buvons leur lait et leur sang. Nous utilisons même les bouses séchées pour construire nos maisons et faire du feu. Et malheur au lion qui viendra dévorer une de mes vaches ! Ce lion, je le poursuivrai, des jours, des semaines s'il le faut. Jusqu'au pied du volcan du Kilimandjaro, le plus haut sommet d'Afrique, avec ses neiges éternelles qui brillent au soleil. Et, quand je l'aurai tué, je rentrerai chez moi, la lance à la main. Sans jeter un regard à ceux que je croiserai sur ma route. »

SUPERFICIE : 945 000 km².
HABITANTS : 29 500 000 Tanzaniens.
POPULATION : Souahélis et 120 groupes ethniques dont les Sukumas, Nyamouézis, Chagas, Massaïs, Makondés…
RELIGIONS : christianisme, islam, hindouisme…
LANGUES : anglais et souahéli (officielles), nombreuses langues bantoues et nilotiques.
MONNAIE : shilling tanzanien.
CLIMAT ET MILIEU NATUREL : la côte et les grandes îles au large (Mafia, Pemba, Zanzibar) sont soumises à la mousson de l'océan Indien. Climat plus tempéré au centre, avec une petite saison des pluies propice à la savane. À la frontière du Kenya, se dresse le Kilimandjaro, massif volcanique culminant à 5 892 m.
PRINCIPALES RESSOURCES NATURELLES ET AGRICOLES : sorgho, maïs. Bétail sur le plateau et pêche sur les côtes. Les îles sont spécialisées dans la culture des épices comme le clou de girofle à Pemba et Zanzibar.

« Ma grand-mère. Elle était bien contente qu'on la prenne en photo ! »
Photo de droite : mon père, ses deux femmes et ma grand-mère.

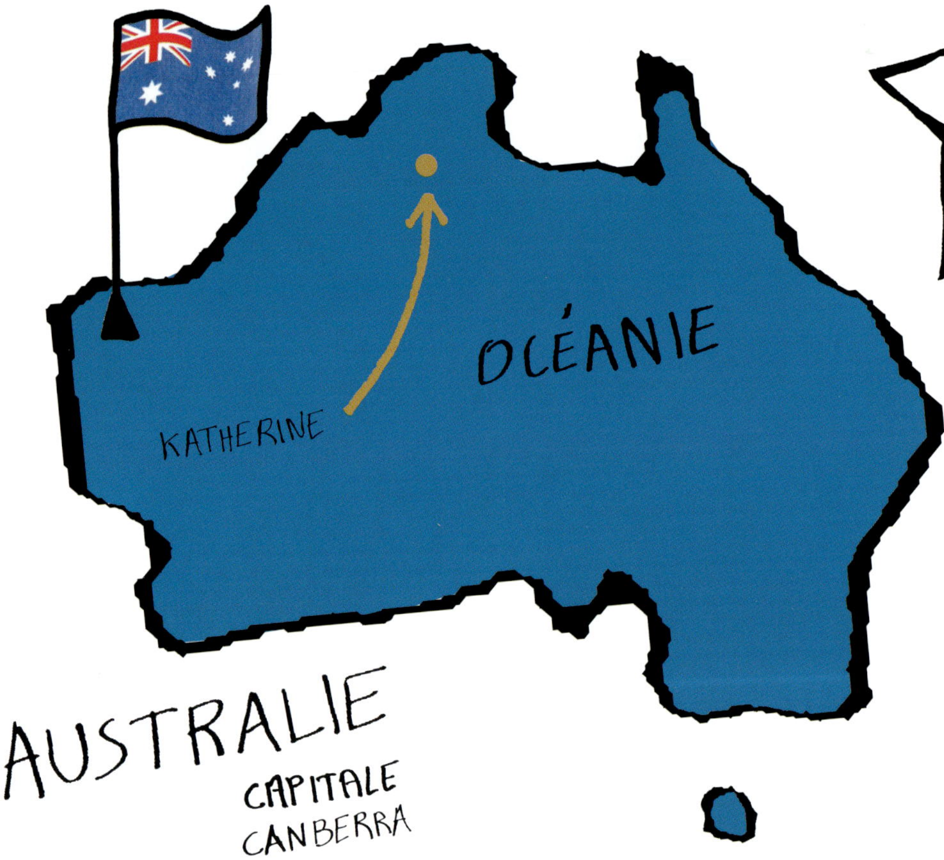

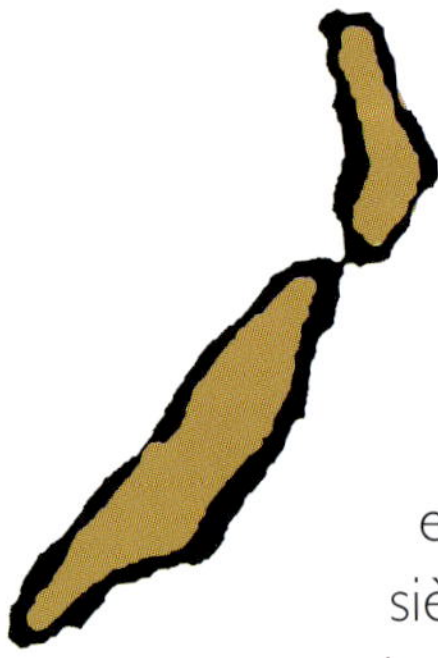

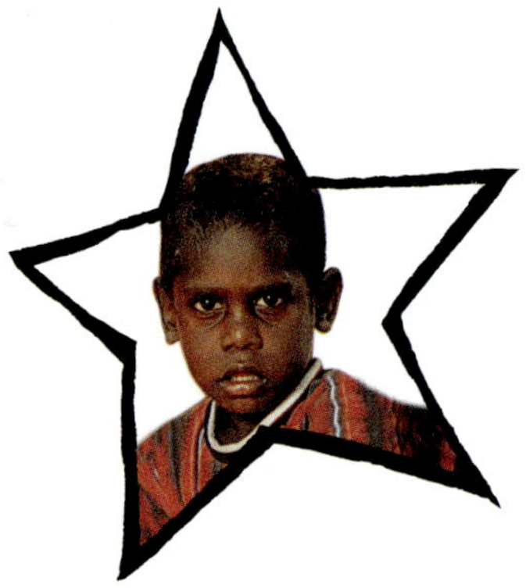

TIM
7 ANS

« G' day,

Bienvenue sur la terre de mes ancêtres, l'Australie ! La terre des Aborigènes, les premiers habitants de la plus grande île du monde, il y a plus de… 35 000 ans.

Nous vivons dans la région la plus désolée du pays, le Territoire-du-Nord, au sud de Katherine. Pour nous, la terre où sont enterrés les parents de mes parents est sacrée. Les colons européens, venus ici il y a deux siècles seulement, ont voulu nous en déloger au prix de terribles massacres mais en vain.

Papa est artiste. Regarde sa toile accrochée à l'arbre. À travers sa peinture, Paddy m'apprend l'histoire du peuple aborigène. Et s'il a mis un tee-shirt noir, rouge et jaune pour la photo, ce n'est pas un hasard. Ce sont les couleurs de notre drapeau qui nous rappellent que "nous sommes noirs sur la terre rouge sous le soleil." Je vais souvent dans le *bush*, la savane, autour de la maison. Je sais reconnaître ces arbres, emblèmes de l'Australie : l'acacia, l'eucalyptus, mais aussi le baobab au ventre énorme et qui a l'air d'avoir été planté la tête en bas !

Assis sur un rocher, je joue du *didjeridoo*, cette grosse branche en bois vidée par le travail des termites et dans laquelle on souffle. Je guette des yeux les kangourous au cas où ils seraient attirés par la musique…

Le soir, Paddy me raconte des histoires aborigènes, celles du Temps du Rêve. Elles racontent la naissance des montagnes, des mers et des déserts, puis des plantes, des animaux et des hommes. Maintenant, je sais que nos ancêtres sont partout, métamorphosés en source ou en rocher, en koala ou en boomerang, et qu'ils veillent sur nous pour l'éternité. »

SUPERFICIE : 7 682 300 km².
HABITANTS : 17 210 800 Australiens dont 230 000 Aborigènes.
POPULATION : d'origine britannique, Asiatiques, Aborigènes.
RELIGIONS : christianisme (majoritaire).
LANGUES : anglais (officielle), langues aborigènes.
MONNAIE : dollar australien.
CLIMAT ET MILIEU NATUREL : pays sec au centre avec des déserts de pierre et de sable, bien arrosé sur le pourtour est et ouest.
PRINCIPALES RESSOURCES NATURELLES ET AGRICOLES : charbon, lignite, bauxite. Blé, orge, avoine, maïs, soja. Élevage intensif (1er troupeau ovin du monde).

« Sur la route, les koalas ont la priorité. Mais attention aux crocodiles ! » Photo de droite : mes parents avec mes frères et sœurs.

FUBU
ENGLAND
PADDY.ADAM.

THAÏLANDE

CAPITALE
BANGKOK

MAHEA

5 ANS

SUPERFICIE : **513 100 km².**
HABITANTS : **60 800 000 Thaïlandais.**
POPULATION : **Thaïs (80 %), Chinois, Indiens, Cinghalais, Shans.**
RELIGIONS : **bouddhisme du Theravada (95 %).**
LANGUE : **thaï.**
MONNAIE : **baht ou tical.**
CLIMAT ET MILIEU NATUREL : **pays soumis à la mousson, très importante au mois de septembre.**
PRINCIPALES RESSOURCES NATURELLES ET AGRICOLES : **lignite, étain, plomb. Riz, maïs, caoutchouc.**

« Jour du marché à Chiang Dao (vers Chiang Mai). J'y accompagne maman pour vendre nos fruits et acheter des tissus. » Photo de droite : mes parents (à gauche), mes deux tantes et mes grands-parents (à droite).

« Sawat di,

Je te présente la tribu des oiseaux du Paradis. Ce joli surnom, nous le devons à la couleur de nos tenues traditionnelles de la tribu montagnarde des Palaung : un turban, une jupe froncée rouge et or, un veston entouré de cercles de rotin… Seul grand-père est à la mode occidentale.

Nous faisons partie des Shan, terme dérivé du mot Siam – l'ancien royaume de Thaïlande. Le Siam rayonna du XIIIe au XVe siècle, avec pour capitale Sukhothaï, une cité extraordinaire en pleine jungle que l'on peut encore visiter aujourd'hui. Au milieu des ruines et des moines en robe orange, s'élèvent des temples, des pagodes et d'immenses bouddhas dorés. Sukhothaï est un haut lieu de pèlerinage bouddhiste.

Ma tribu vit en autarcie au milieu d'une épaisse forêt, du côté de Chiang Mai, au nord de la Thaïlande, tout près de la frontière birmane et bien loin de Bangkok qui grouille de voitures, de bruits et de marchands. Rien à voir non plus avec les plages du sud qui attirent les amoureux de la plongée sous-marine du monde entier.

Nous habitons une petite maison en bambou, sur pilotis, à deux pas des camps d'éléphants. Ici, l'éléphant joue un rôle très important en aidant les forestiers de la région à transporter d'énormes troncs en tek. Mon père cultive le thé, le thé Puer, très apprécié des Chinois. Ma mère vend des ananas, des bananes et des cochons au marché. Et ma grand-mère et ses sœurs restent à la maison pour faire la cuisine. Elles ont les dents laquées en noir, signe de beauté.

Mon grand frère, Maungtwe, n'est pas sur la photo car il est moine novice dans le monastère bouddhiste du village. La tradition veut que les garçons effectuent au moins deux retraites monastiques dans leur vie. Parfois, on peut les entendre chanter à travers les feuillages. »

adi adidas das

SARAH

10 ANS

« Hello,

Je te dis bonjour en anglais parce que je vis à Toronto, dans la partie anglophone du pays, mais il y a un an, je t'aurais dit "Bonjour" car j'habitais une petite ville du Québec, près de Montréal. Cette région est la seule d'Amérique où toute la population parle français. C'est une histoire qui remonte à plus de 400 ans, avec la découverte du Canada par Jacques Cartier, un navigateur de Saint-Malo.

J'appartiens à la "Famille Vélo" ! Chez nous, on ne circule qu'en deux roues ou sur ce vélo-remorque pour aller à l'école ou au bureau. Nous n'avons pas de voiture. Si tout le monde faisait comme nous, il y aurait moins de pollution.

Nous passons toutes les fins de semaine dans une cabane en rondins construite par papa – il n'est pas bûcheron pourtant, mais sculpteur – sur les rives du lac Ontario.

Parfois, on va jusqu'aux chutes du Niagara qui ne sont pas très loin. C'est un spectacle fabuleux ! Tu es là, dans ton ciré jaune, au milieu d'un immense nuage de vapeur d'eau, à regarder la rivière qui tombe de 50 mètres de haut dans un bruit de tonnerre !

Mais ce que je préfère, ce sont les balades en forêt. Surtout l'automne. Tu nous verrais tous les cinq nous enfoncer dans les immenses forêts d'érables aux couleurs de feu. L'érable, on en récolte la sève à la fin de l'hiver pour faire du sirop. C'est si bon dans les crêpes !

À Noël, nous sommes allés rendre visite à mon oncle Max dans les Rocheuses. Moi qui adore la nature, je voudrais y vivre. Au milieu des sapins, des lacs et des montagnes. Parmi les wapitis, les coyotes, les loups, les castors et les grizzlis ! On dit que là-bas, si on cherche bien, on trouve encore de l'or... »

SUPERFICIE : 9 959 400 km².
HABITANTS : 27 297 000 Canadiens.
POPULATION : d'origine européenne (95 %), Amérindiens, Inuits.
RELIGIONS : protestantisme, catholicisme.
LANGUES : anglais et français (officielles).
MONNAIE : dollar canadien.
CLIMAT ET MILIEU NATUREL : hivers très froids et prolongés, écarts de températures considérables. Les zones arctiques couvrent 77 % du pays.
PRINCIPALES RESSOURCES NATURELLES ET AGRICOLES : gaz naturel, charbon et pétrole. Blé, orge, avoine, seigle, maïs, tabac et produits laitiers.

« Nous sommes tous là, en imperméables jaunes, pour admirer les chutes du Niagara. »

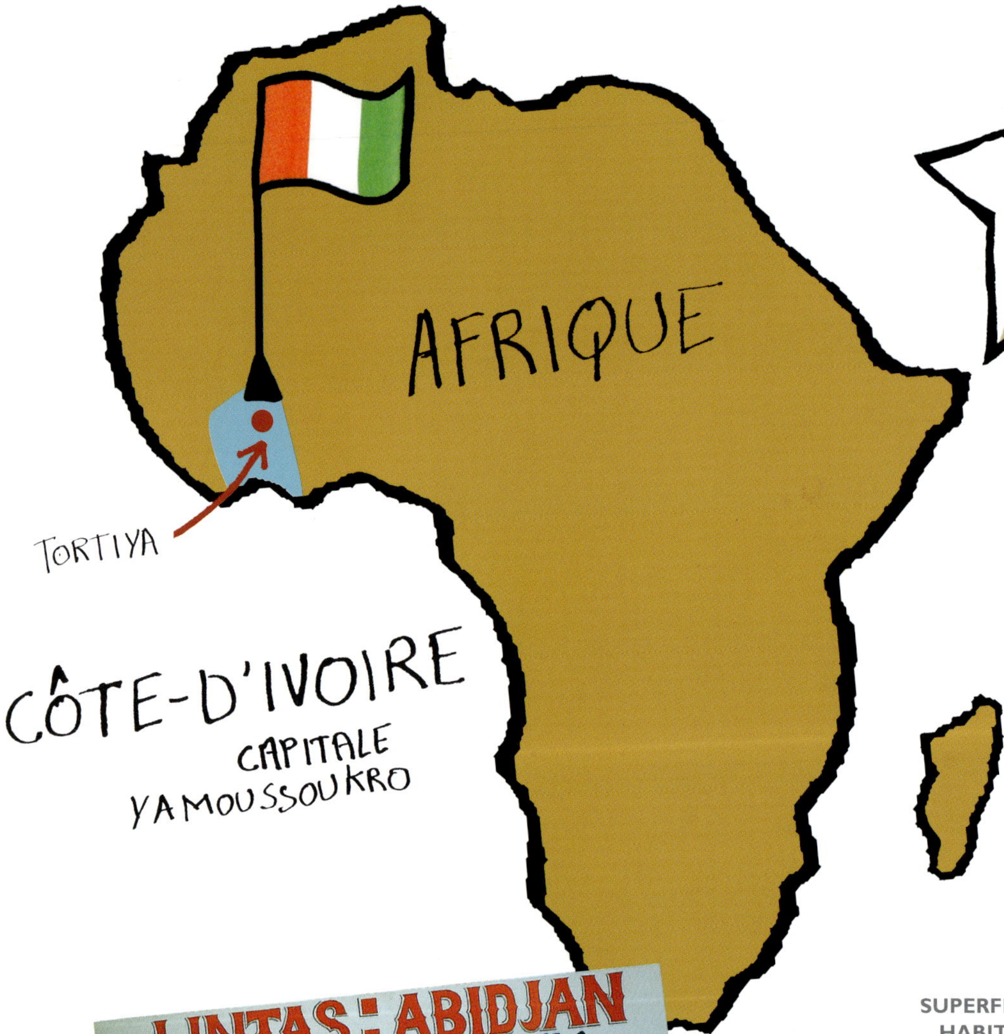

COULIBALY

7 ANS

« Yenyouri,

Je me rends compte que, pour la première fois, papa – qui est photographe – prend la pause avec sa famille au grand complet, devant un autre photographe… Le photographe photographié !

Mon père est très connu à Tortiya grâce à ses photos. Et un jour, c'est moi qui prendrai la relève. Je me débrouille déjà pas mal. Parfois, je lui tiens le flash quand il tire le portrait des gens du coin.

Il passe beaucoup de monde à Tortiya. Des aventuriers, des chercheurs de diamants et des brigands… Tout ça parce que le sous-sol est truffé de diamants ! Enfin était, parce que des diamants, il y en a de moins en moins. Ce qui n'empêche pas tous ceux qui rêvent encore de faire fortune de passer par chez nous. Il suffit d'aller au bord de la rivière Bou. Là, tu vois tous ces hommes, à moitié nus, creuser, déplacer des tonnes de terre, puis disparaître dans des puits. À tout moment, les galeries risquent de s'effondrer. Mais, parfois, certains trouvent un diamant. Ils viennent alors poser devant l'appareil de papa pour immortaliser l'instant ! Tu verrais leur sourire… De temps en temps, des bagarres terribles éclatent entre chercheurs. Tout ça pour un petit caillou qui brille. Tortiya, c'est un peu le Far West !

Enfin, pas toujours. Le matin vers 6 heures, quand le jour se lève sur la rivière Bou, tu peux assister à l'envol de milliers de hérons sous l'œil des hippopotames. Avant que les hommes n'arrivent avec leur pioche, leur pelle et leur rêve de diamants. »

SUPERFICIE : 322 500 km².
HABITANTS : 15 000 000 Ivoiriens.
POPULATION : Anys, Baoulés, Bétés, Krous, Malinkés, Sénoufos…
RELIGIONS : animisme (50 %), islam, christianisme…
LANGUES : français (officielle), akan, dioula, haoussa, malinké, sénoufo…
MONNAIE : franc CFA.
CLIMAT ET MILIEU NATUREL : climat subtropical humide. Forêt dense le long des rivières, savane arborée au centre.
PRINCIPALES RESSOURCES NATURELLES ET AGRICOLES : cobalt, uranium et diamants industriels. Important producteur mondial de café et de cacao. Coton, arachide, maïs dans la savane ; manioc et riz en zone forestière.

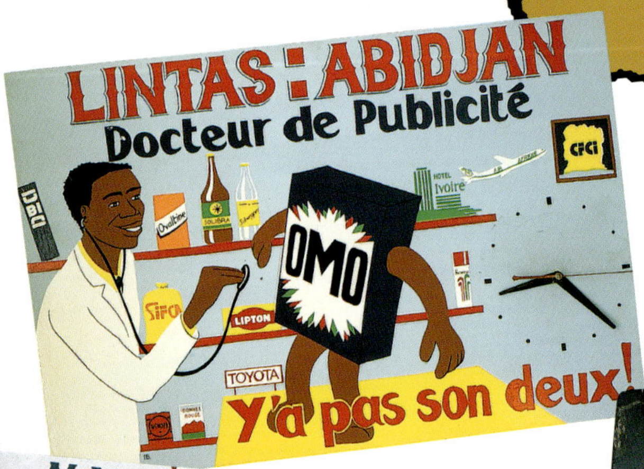

« "Le photographe ne remplace pas encore le peintre", se plaint Papa devant des enseignes publicitaires peintes à la main. » Photo de droite : mon père, ses deux femmes, mes deux grands frères et mes quatre petites sœurs.

FAEZIAH
8 ANS

« Selamat pagi !

Nous avons rencontré le photographe dans les rues de notre village. Ma tante Noriha ne voulait pas de photo en public. Ici, à Beserah, cela ne se fait pas. Alors nous sommes rentrés à la maison, à l'abri des regards.

Nous sommes de fervents musulmans et prions cinq fois par jour. Plus tard, je porterai un foulard, le *purdah*, comme mes cousines et ma tante. Mes cousins, eux, portent un petit chapeau sur la tête, mais c'est juste pour la prière ou les grandes occasions… comme la photo !

L'éducation est très importante. C'est la seule façon d'avoir un bon métier plus tard. Ma sœur est bientôt avocate. Mes deux grands cousins seront professeurs, l'un de religion, l'autre d'arabe. Quant à moi, je vais à l'école coranique où enseigne ma tante.

Une fois par mois, nous allons à Kuala Lumpur, la capitale. Rien à voir avec notre petit village. C'est une ville très moderne avec des gratte-ciel, des galeries commerciales et des marchés colorés. J'y ai d'ailleurs choisi le tissu de ma robe.

Si tu venais me voir, tu serais étonné par la population. Il y a des Malais, comme nous, mais aussi des Indiens et des Chinois. Nous, nous parlons le malais. Les Indiens le tamoul et les Chinois le mandarin. Résultat, on discute plutôt en anglais !

Pour les vacances, je pars avec ma famille sur les hauts plateaux, dans la région des plantations de thé. Un pays de petites collines et de buissons très verts où il fait frais. Tu as déjà vu le thé qui pousse ? C'est beau. Et encore plus beau en fleur… »

SUPERFICIE : 329 300 km².
HABITANTS : 17 900 000 Malaysiens.
POPULATION : Bumiputeras (60 %) qui comprennent : Jakuns, Semangs, Senois, Temiars. Chinois (30 %), Indiens (10 %).
RELIGIONS : islam (officielle), bouddhisme, hindouisme, christianisme.
LANGUES : malais, tamoul, mandarin.
MONNAIE : ringgit (dollar malaysien).
CLIMAT ET MILIEU NATUREL : climat tropical, chaud toute l'année avec de fortes pluies. Relief montagneux culminant au mont Kinabalu (4 175 m). La forêt tropicale couvre le centre du pays et accueille une faune très variée.
PRINCIPALES RESSOURCES NATURELLES ET AGRICOLES : bauxite, étain et pétrole. Latex et poivre (3ᵉ rang mondial).

« À Beserah, à l'heure de pointe, la Mobylette est le moyen de transport le plus rapide et le plus populaire ! »
Photo de droite : ma petite sœur et mon grand frère (derrière moi), ma tante, ses deux filles et son fils.

ولا تنهرهما وقل لهما قولا كريما واخفض لهما
جناح الذل من الرحمة وقل رب ارحمهما كما
ربياني صغيرا

MOINA
3 ANS

« Goeie môre,

Tu vois les belles peintures sur le mur de notre maison ? C'est une tradition. Nous, les Ndebeles, sommes célèbres dans le monde entier pour nos peintures géométriques.

Pourtant, nous ne sommes pas très nombreux en Afrique du Sud, beaucoup moins que nos cousins les Zoulous, au tempérament guerrier, qui font peur ici à tout le monde. Les Ndebeles sont plutôt artistes. Enfin, les femmes ndebeles, car elles seules peignent !

Malheureusement les maisons peintes sont de plus en plus rares. Si tu traverses les *townships* – c'est le nom des cités délabrées avec des cases en tôles –, dans les environs de Middelburg, tu n'en verras plus beaucoup. Pour admirer nos peintures, il faut venir dans le parc où nous vivons. Là, les femmes de ma tribu peignent et repeignent inlassablement les murs et les enceintes de leur maison.

Quand je serai grande, je porterai comme maman des anneaux de cuivre. Papa lui a offert ceux qu'elle porte aux chevilles et aux bras, comme le veut la tradition quand les jeunes mariés s'installent. Mais ceux du cou sont un cadeau de mes grands-parents. Plus on en a, plus on est riche ! Les femmes ndebeles peuvent porter sur elles plus de vingt kilos de perles et d'anneaux.

En attendant de porter ces bijoux, j'apprendrai les secrets de la peinture. Je jouerai avec les couleurs et les pinceaux et ma maison sera belle ! »

« À l'extrême pointe du pays, il y a même des pingouins ! »
Photo de droite : ma mère (debout), ma tante et ma sœur jumelle.

SUPERFICIE : 1 221 000 km².
HABITANTS : 42 500 000 Sud-Africains.
POPULATION : Noirs (75 %) : Bantous, Ndebeles, Boshimans, Hottentots, Sothos, Swazis, Tsongas, Tswanas, Vendas, Xhosas, Zoulous ; Blancs (15 %) ; Métis.
RELIGIONS : islam, christianisme, hindouisme.
LANGUES : anglais (officielle), afrikaans, khoisan, langues bantoues dont le sindebele (parlé par les Ndebeles).
MONNAIE : rand.
CLIMAT ET MILIEU NATUREL : climat méditerranéen propice aux vignobles, désertique à l'ouest et tropical dans le reste du pays. Le Nord est couvert de savane.
PRINCIPALES RESSOURCES NATURELLES : or (tiers de la production mondiale). Grand producteur de diamants de joaillerie. Charbon, amiante, chrome, cuivre, fer, argent, étain.

JAPON

CAPITALE TŌKYŌ

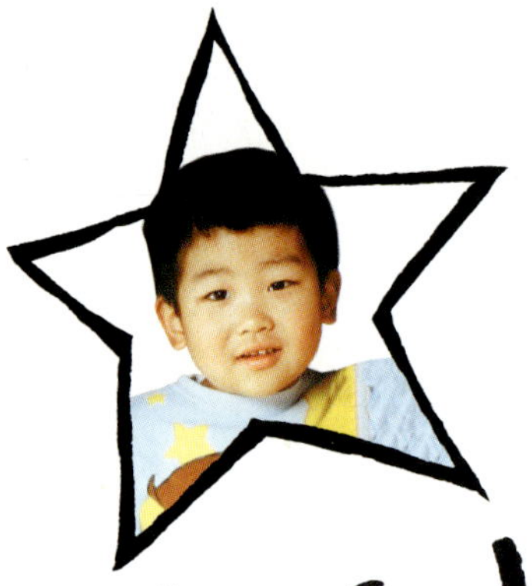

SCHINPEÏ

4 ANS

« Konnichi wa,

En ce moment, c'est le printemps. Tous les cerisiers sont en fleur dans le parc de Maruyama à Kyōto, l'ancienne capitale impériale du Japon !

Ma maison est petite, avec de vraies pièces à la japonaise, séparées par des cloisons coulissantes très fragiles, faites de bois et de papier tendu. Nous marchons en chaussettes sur le sol recouvert d'un *tatami*. C'est un tapis de paille de riz tressé, très doux aux pieds.

Un peu plus loin, se trouve la salle à manger où l'on prend tous nos repas. Ma mère, Yoko, fait bien la cuisine : des boulettes de riz entourées de feuilles d'algue, des soupes de soja, des pousses de bambous, des légumes marinés et des nouilles, les *soba* – qu'on aspire d'un coup de baguettes en faisant beaucoup de bruit… Mais moi, ce que je préfère, ce sont les *sashimis*. Mmmh, de petites portions de poisson cru délicatement présentées.

Comme je ne vais pas encore à l'école, je passe des après-midi entières à faire des pliages, des *origamis* – nos cocottes en papier à nous ! – de toutes les formes et de toutes les couleurs.

J'adore le *sumo*. Cette forme de lutte est très populaire chez nous. Le but du combat est d'expulser son adversaire hors d'un cercle en terre battue. Parfois, ça ne dure que 10 secondes ! Avec mes parents, on va chaque année à Tōkyō voir s'affronter ces colosses de 150 kg…

Sur la photo, nous sommes tous habillés à l'occidentale. Mais parfois maman met son kimono en soie, lors des grandes occasions comme les mariages ou la cérémonie du thé. Moi aussi, j'en ai un, enfin… c'est pour faire du judo ! »

SUPERFICIE : 377 700 km².
HABITANTS : 123 700 000 Japonais.
POPULATION : Japonais.
RELIGIONS : shinto, bouddhisme (la pratique cumulée des deux religions est courante).
LANGUE : japonais.
MONNAIE : yen.
CLIMAT ET MILIEU NATUREL : climat continental. La forêt occupe 68 % du sol nippon. Pays sujet à de nombreux cataclysmes naturels : éruptions volcaniques, typhons, tremblements de terre.
PRINCIPALE RESSOURCE AGRICOLE : pêche (1er rang mondial).

« Tous les écoliers portent un uniforme. »

JULI 9 ANS

«¡Hola!

Tu en connais beaucoup, toi, des îles flottantes? La mienne flotte et dérive au gré du vent sur le lac Titicaca, tout au sud du Pérou, à près de 4000 mètres d'altitude!

Elle flotte, cette île, parce qu'elle est constituée de couches et de couches de roseaux superposés. Du roseau, qu'on appelle ici *totora*, il y en a partout sur les bords du lac. Pour nous, le *totora* est très important car il sert non seulement de matériau pour consolider le sol de l'île, fabriquer nos cases et nos barques de pêche, mais aussi d'aliment… il accompagne parfaitement le poisson!

Toute ma famille est indienne, très exactement Uru-Aymara. Nous nous sommes installés sur le lac Titicaca il y a très longtemps, bien avant l'arrivée des Incas qui dominèrent la région et fondèrent, au XVe siècle, un empire extraordinaire dont la capitale était Cuzco (le "nombril de la terre"), à 400 kilomètres au nord du lac.

D'ailleurs, dans la partie bolivienne du lac – le Titicaca se partage entre la Bolivie et le Pérou –, se trouve une île, une vraie cette fois, l'île du Soleil, l'un des berceaux de la civilisation inca, où se dresse le fameux temple du Soleil. Mais c'est à Machu Picchu, du côté de Cuzco, sur les hauteurs des Andes, que se trouve le sanctuaire le plus grandiose de cette civilisation à jamais disparue. Une véritable ville en escaliers, avec ses palais, ses autels, ses prisons, entourée de précipices et de nuages.

Le vent se lève et je sens le sol tanguer sous mes pieds…»

SUPERFICIE : 1 285 200 km^{2}.
HABITANTS : 23 000 000 Péruviens.
POPULATION : Amérindiens (Aymaras, Quechuas…).
RELIGION : catholicisme.
LANGUES : espagnol (officielle), quechua, aymara (Andes du Sud).
MONNAIE : nouveau sol.
CLIMAT ET MILIEU NATUREL : climat aride sur les côtes. La cordillère des Andes traverse le pays du nord au sud. Avec l'altitude, le climat est plus froid, la végétation passe de la forêt tropicale à la steppe.
PRINCIPALES RESSOURCES NATURELLES ET AGRICOLES : pétrole. Coton, canne à sucre, vigne, riz, fruits.

«Mon père a fabriqué le bateau en roseau avec sa figure de proue.»

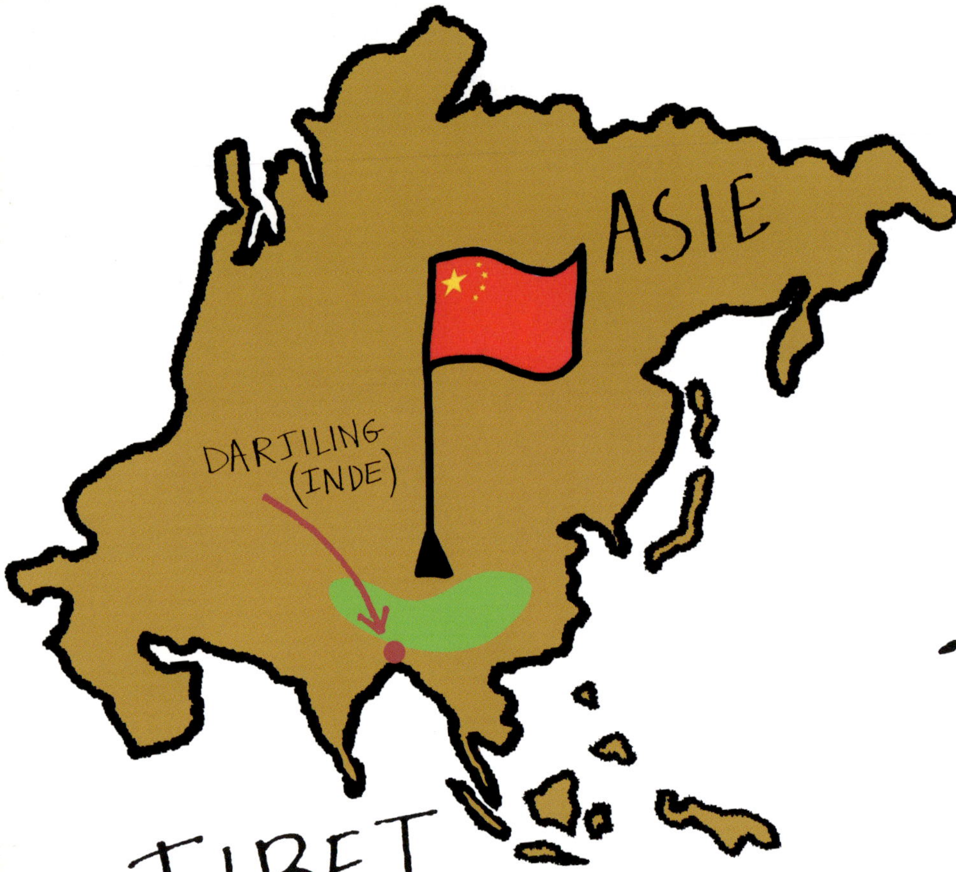

TIBET

CAPITALE LHASSA

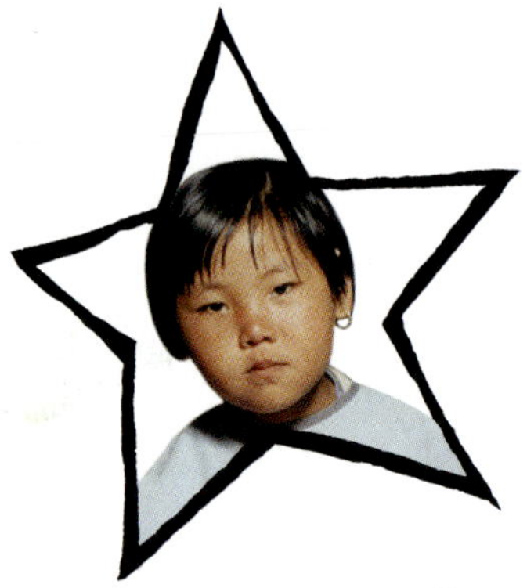

JANCHUP

5 ANS

«Sur cette carte postale peinte par maman, une scène de jeu traditionnel à la raquette.»

SUPERFICIE : 1 228 400 km².
HABITANTS : 2 320 000 Tibétains.
RELIGION : bouddhisme lamaïque.
LANGUES : tibétain, hindi.
MONNAIE : sang.
CLIMAT ET MILIEU NATUREL : temps sec et froid. Hauts plateaux désertiques, bordés par un relief montagneux à l'ouest et à l'est.
PRINCIPALES RESSOURCES AGRICOLES : orge et légumes dans la vallée du Zangbu. Maïs, riz et culture fruitière dans les vallées orientales. Élevage de chevaux et de yacks dans les montagnes.

En 1950, la Chine annexe le Tibet. Certains Tibétains luttent encore pour préserver leur culture tandis que d'autres ont préféré quitter le pays.

« Tashidélé !

Je suis née ici, en Inde, à Darjiling. Mais mon pays, c'est le Tibet. Enfin, je n'en ai plus vraiment. Depuis l'invasion chinoise il y a presque cinquante ans, le Tibet est une région autonome de la Chine.

Alors, papa et maman ont voulu nous reconstruire une nouvelle vie pleine d'espoir, de l'autre côté de la frontière. Pour cela, ils ont fui notre village, marché pendant des mois, traversé les cols enneigés de l'Himalaya, grimpé au-dessus des nuages, pour arriver ici, dans ce camp de réfugiés.

Nous avons reproduit un Tibet miniature. Nous allons à l'école apprendre en toute liberté à lire et à écrire le tibétain, l'hindi – la langue d'ici – et l'anglais ! J'ai même appris à jouer de la flûte ! Comme les bergers des hauts plateaux tibétains qui gardent leurs troupeaux de yaks.

Tu nous vois dans l'atelier de mes parents. Papa et maman sont artisans comme tous les réfugiés. Papa tisse des tapis colorés et des pulls en laine de yak. Maman peint des cartes postales avec un tout petit pinceau, des scènes de danse folklorique qui nous rappellent notre pays.

Chaque soir, nous prions pour le Tibet. Regarde sur la vitre les inscriptions "Sauvez le Tibet", "Longue vie au Dalaï Lama", notre guide spirituel qui a dû, lui aussi, se réfugier en Inde. Nous espérons retrouver un jour notre pays libre. Ce rêve, j'en suis sûre, deviendra réalité. Dans cette vie ou dans la prochaine. »

LONG LIVE
HIS HOLINESS
THE DALAI LAMA
SAVE
TIBET
FREE
TIBET
U.N.O. WE WANT
JUSTICE

CODY
12 ANS

SUPERFICIE : 9 363 300 km².
HABITANTS : 250 000 000 Américains.
POPULATION : Blancs (71 %), Noirs, Hispaniques, Asiatiques, Indiens.
RELIGIONS : protestantisme (57 %), catholicisme, judaïsme…
LANGUE : anglais.
MONNAIE : dollar.
CLIMAT ET MILIEU NATUREL : grande variété climatique et végétale due à l'étendue du pays.
PRINCIPALES RESSOURCES NATURELLES ET AGRICOLES : pétrole, gaz, charbon. L'agriculture du pays est la première du monde : soja, maïs, agrumes, blé…

« Hi,

Moi, c'est Cody. Je te présente mon bébé… Mais non, ce n'est pas le mien. C'est un poupon électronique. Pas mon genre de jouer à la poupée. Mon truc, c'est la lutte et je rêve de devenir lutteur professionnel. En fait, je participe, comme tous mes copains du collège, à un projet scolaire. Son but ? Tu ne devineras jamais. Montrer aux jeunes adolescents la difficulté d'être parents. Mon bébé pleure comme un vrai, il a faim, il faut le changer, le bercer, s'occuper de lui jour et nuit. Dur, dur d'être papa.

Nous vivons tous les quatre dans un ranch à Gillette, en plein cœur du Wyoming (la "grande prairie" en indien). C'était la terre occupée par les Sioux et les Cheyennes. On dit que l'herbe y est la plus verte des États-Unis. Il y a aussi des montagnes, les Rocheuses, et les plus beaux parcs nationaux du pays, comme le célèbre parc de Yellowstone. Tu vois, chez nous, on est cow-boys de père en fils.

Mon petit frère, Bobby, est un vrai frimeur ! Il n'a pas voulu ôter sa tenue pour la photo et pose avec tout son équipement. Si tu l'avais vu marcher dans l'herbe avec ses patins… Au Wyoming, le hockey sur glace est une vraie passion même s'il est né au Canada. Il faut absolument que tu viennes voir un match. »

« Je collectionne les timbres. En voici trois sur la conquête de l'Ouest… »
Photo de droite : ma famille, mon « bébé », mon cheval et mon chien qui se cache derrière moi.

KOUYATÉ
10 ANS

« Isokhoma !

Nous sommes réunis à l'ombre du loukoum de l'atelier à ciel ouvert de Saboubo, mon père. Cet arbre sert de toit. Quand j'étais petit, j'adorais venir jouer ici parmi les copeaux, dans l'odeur fraîche du bois.

Saboubo est sculpteur. Il taille des tablettes sur lesquelles les élèves de l'école coranique écrivent les paroles du Prophète. J'en tiens une dans mes bras. Même s'il travaille pour le chef religieux du village, qu'on appelle l'imam, papa nous a inscrits, mes sœurs et moi, à l'école officielle. Il dit que c'est mieux pour notre avenir.

Au village, nous sommes tous d'origine mandingue. Les Mandingues se trouvent dans toute l'Afrique de l'Ouest, au Mali, en Guinée, en Gambie ou au Sénégal. Et aussi en Guinée-Bissau. Ils se sont installés ici, dans la région de Gabú, il y a près de huit cents ans. Ce peuple a une longue et belle histoire.

Pour la connaître, il faut écouter notre griot, à la fois poète, musicien et historien. Accompagné de sa kora, cette harpe à vingt cordes, il chante l'épopée de Soundiata Keita. Seul contre tous, ce grand guerrier du XIIIe siècle repoussa l'ennemi, le cruel roi de Soso, et fonda l'empire du Mali.

Moi aussi, je joue de la kora. C'est papa qui me l'a fabriquée avec une calebasse. Quand je joue, des images me viennent, des notes comme des gouttes de pluie sur la terre sèche et dans les champs. »

SUPERFICIE : 36 100 km^2.
HABITANTS : 1 100 000 Bissau-Guinéens.
POPULATION : Bagas, Nalus, Londumans, Balantes, Floups, Mandjakes, Mandingues, Bissagos, Peuls.
RELIGIONS : protestantisme, catholicisme, islam.
LANGUES : portugais (officielle), malinké, balante…
MONNAIE : franc CFA.
CLIMAT ET MILIEU NATUREL : climat tropical et humide. Le tiers du pays est composé de lagunes et de mangroves. L'arrière-pays, plus sec, permet l'élevage du bétail.
PRINCIPALES RESSOURCES NATURELLES ET AGRICOLES : bauxite, phosphate. Huile de palme en forêt et arachide dans les zones plus sèches.

« La décoration d'une maison coloniale avec des *azulejos*, de vieux carreaux d'origine portugaise. »
Photo de droite : mes parents, ma grande sœur avec son premier bébé et mes quatre sœurs.

ROSA
7 ANS

« Parév,

Comme tous les étés, je quitte la Lituanie où nous habitons, à 2000 kilomètres de là, pour retrouver l'Arménie et toute la famille. Je suis tellement heureuse de revoir mes grands-parents et mes cousins qui sont restés au pays !

Cette année, nous campons tous au bord du lac Sevan. Un immense lac en altitude, une véritable petite mer intérieure dans ce pays si montagneux. Ça me change de la mer Baltique où l'eau est trop froide pour se baigner.

Chaque jour, grand-père nous emmène en excursion. Hier, à Erevan, la capitale, demain, au monastère de l'île aux Oiseaux, pas très loin d'ici, un très vieux monastère du temps des premiers chrétiens.

L'Arménie a été le premier pays chrétien du monde, le premier à avoir adopté le christianisme comme religion officielle au IIIe siècle… mais cela ne nous a guère protégés de nos voisins, l'Iran et la Turquie, qui se sont disputé l'Arménie pendant des siècles.

Mais le pire a eu lieu par la suite, à l'époque où mon pays était rattaché à la Russie des tsars. Les Turcs se sont attaqués à plusieurs reprises à notre peuple. Il y a eu d'horribles massacres. Notamment pendant la Première Guerre mondiale. Des millions d'Arméniens sont morts…

Mais, en 1991, une page s'est tournée lorsque notre pays est enfin devenu indépendant, en se séparant de l'Union soviétique. Désormais, de plus en plus d'Arméniens exilés rentrent au pays.

Nous songeons nous-mêmes à rentrer bientôt… et justement dans la région du lac Sevan. Allez, tous à l'eau ! »

SUPERFICIE : 29 800 km^2.
HABITANTS : 3 700 000 Arméniens.
POPULATION : Arméniens (93 %), Azéris, Kurdes, Russes.
RELIGION : christianisme.
LANGUE : arménien.
MONNAIE : dram.
CLIMAT ET MILIEU NATUREL : climat continental dans les plaines. Hauts plateaux hérissés de massifs volcaniques.
PRINCIPALES RESSOURCES AGRICOLES : peu de terres arables. Arbres fruitiers, céréales, tabac et cultures maraîchères.

« Au goûter, nous nous régalons de gâteaux traditionnels au sucre et à la fleur d'oranger. »
Photo de droite : mes grands-parents, ma tante avec ses trois enfants, mes parents et ma sœur.

FINLANDE

CAPITALE HELSINKI

SUSANNA

4 ANS

SUPERFICIE : 337 000 km².
HABITANTS : 4 998 400 Finlandais.
RELIGIONS : protestantisme (88 %), orthodoxie.
LANGUES : finnois (94 %, officielle), suédois, lapon.
MONNAIE : euro.
CLIMAT ET MILIEU NATUREL : climat rigoureux. La forêt occupe les deux tiers du territoire.
PRINCIPALES RESSOURCES NATURELLES : forêts (90 % de conifères).

« Hyvää päivää,

Mon pays est situé tout en haut de l'Europe. Si tu regardes une carte, il y a la Norvège, la Suède, la Finlande, puis la Russie. Plus au nord, il n'y a plus rien qu'un océan de glace, la banquise du pôle Nord. La Finlande n'est pas vraiment un pays chaud. Les hivers sont longs et froids. Il neige d'octobre au mois d'avril. Et les nuits n'en finissent pas. En Laponie, au nord de la Finlande, où le Père Noël a élu domicile, le soleil ne se lève jamais entre novembre et janvier… Par contre, en juin, le soleil brille très tard dans la nuit. On l'appelle le soleil de minuit.

Chez nous, à Kuopio, c'est enfin l'été. Kuopio se trouve dans la région des lacs, au cœur du pays. Il y en a des centaines, les uns à côté des autres, avec des milliers d'îles. Un vrai labyrinthe ! Le paysage est merveilleux, vert et bleu, avec des torrents, des sapins, des plages de sable. Maman y fait courir nos cinq lévriers, ils participent même à des concours. Le mien, que tu vois sur la photo, a gagné un premier prix d'élégance !

Comme il fait beau en ce moment, on en profite pour partir tous ensemble dans notre cabane en bois. Elle est située en pleine forêt, au milieu des fées et des trolls… Mais elle est très confortable, avec son petit sauna où nous prenons notre bain de vapeur en famille, un endroit sacré où il est interdit de crier et de dire des gros mots.

L'après-midi, avec Samuli, mon petit frère de trois ans, nous cueillons des *lakka*, des fruits rouges délicieux, autour de la maison. Le soir, maman nous raconte les aventures du vieux Vaïnämöinen, le héros du *Kalevala*, le grand livre de la Finlande. C'est un drôle de bonhomme qui ensorcelle les humains, les animaux, les arbres et les plantes en chantant. Il accompagne souvent nos rêves au pays des rennes et du Père Noël. »

« J'aime les rennes, surtout lorsqu'ils apportent mes cadeaux à Noël. »

TURQUIE

CAPITALE
ANKARA

HAMIYET
9 ANS

« Merhaba,

Voici ma famille au grand complet, à l'ombre de la vigne vierge, devant la maison ! J'habite la Cappadoce, une région au paysage lunaire, peuplée d'habitations troglodytiques taillées à même la roche volcanique, le tuf, si tendre que le vent, la pluie, le sable l'ont sculpté au fil du temps et ont donné naissance à mille et une silhouettes rocheuses. Les plus spectaculaires se trouvent près de chez moi, à côté d'Urgüp dans la vallée de Gorëme, la vallée des cheminées des fées… oui, des fées, c'est le nom que l'on donne à ces colonnes coiffées. Comme si seules les fées avaient pu hérisser ces formes surnaturelles d'un coup de baguette magique. Dès la préhistoire, les hommes ont creusé des habitations rupestres pour s'abriter du soleil en été et du froid en hiver. Lorsque la famille s'agrandissait, il suffisait de creuser une autre pièce.

Mais ce sont surtout les premiers chrétiens, entre le IIIe et le VIIe siècle, qui taillèrent leurs abris et leurs églises dans la roche. Même si nous sommes aujourd'hui musulmans, la Cappadoce a été l'un des premiers foyers du christianisme en Asie. Au moment des invasions perses, les chrétiens se cachèrent dans des cités souterraines et roulèrent des pierres devant leur habitation troglodytique. Une vraie vie sous-terre. Mon arrière-grand-mère m'a raconté que la cité souterraine la plus importante, Derinkuyu, a été découverte par un villageois parti à la recherche d'une poule échappée… Cette cité se situe à 85 mètres sous terre et s'étend sur des kilomètres de tunnels qui n'ont pas encore été explorés !

Aujourd'hui, il reste encore beaucoup de maisons troglodytiques, pour la plupart inhabitées. L'une d'elles nous sert d'entrepôt pour nos récoltes et d'étable pour nos animaux, mais nous vivons dans une maison traditionnelle, entourée par les vignes et les cheminées de fées. »

SUPERFICIE : 779 400 km^2.
HABITANTS : 62 865 800 Turcs.
POPULATION : Turcs, Kurdes, Arabes, peuples du Caucase et des Balkans, Grecs, Arméniens.
RELIGION : islam (98 %).
LANGUE : turc.
MONNAIE : livre turque.
CLIMAT ET MILIEU NATUREL : hivers doux et pluvieux ; étés chauds et secs. La steppe, adaptée au climat semi-aride, progresse aux dépens des forêts.
PRINCIPALES RESSOURCES AGRICOLES : céréales et betterave sucrière en Anatolie. Tabac, noisettes, thé et vin dans les régions périphériques. Oliviers, figuiers et vignes à raisin secs sur la côte égéenne. Coton, agrumes et cultures maraîchères sur le littoral.

« Voici la falaise la plus proche de chez moi, où se cachent des maisons troglodytiques. »
Photo de droite : mes grands-mères et ma grand-tante, mon frère (à droite), mes parents avec ma petite sœur et ma tante.

139

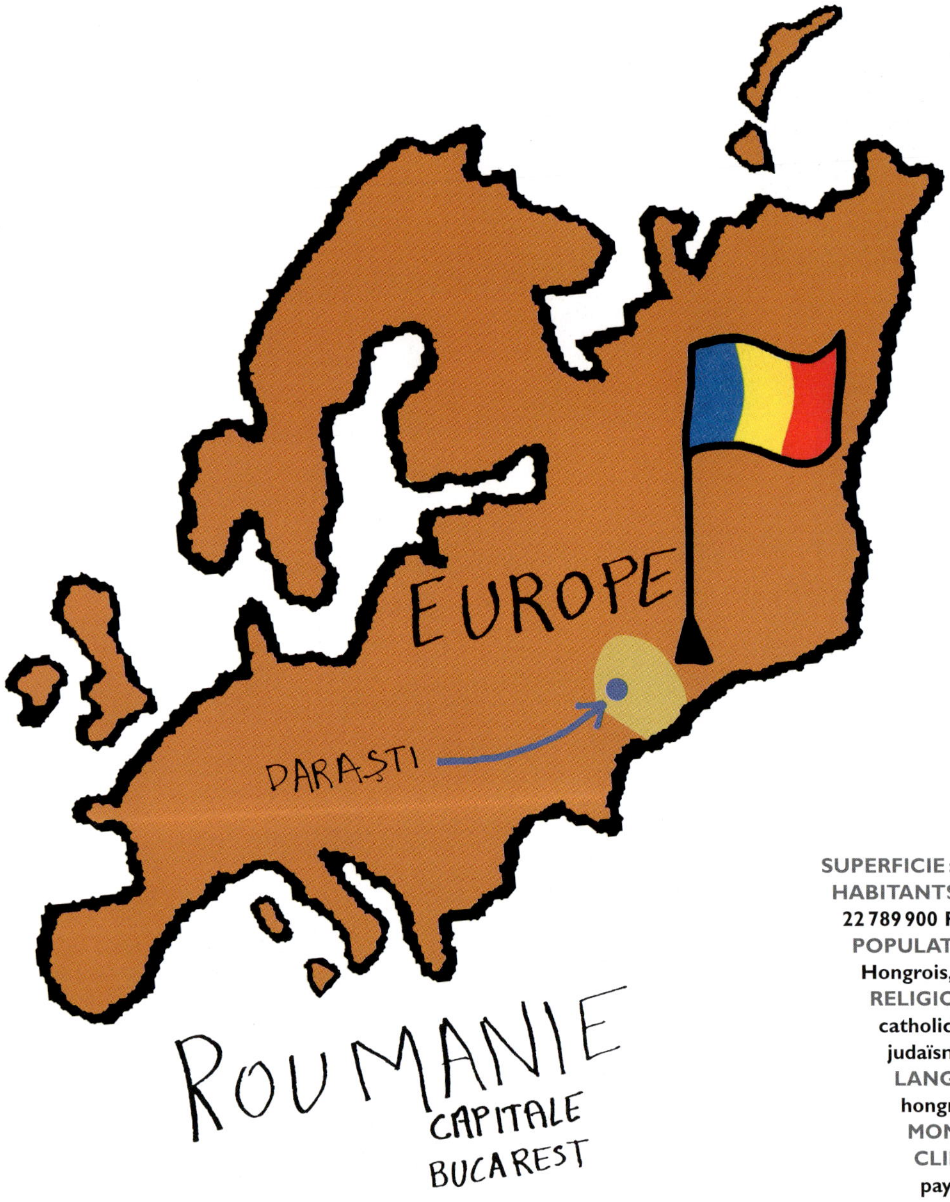

COSMIN

8 ANS

« Buná zina,

Dans notre petite maison de Darași, on se tient chaud! On est une famille très unie. Nous ne sommes pas très riches mais vivons heureux, tous ensemble. Papa est chauffeur, il prend chaque jour son camion pour sillonner les routes de Roumanie. De son dernier voyage, il m'a ramené un petit chiot, Michka. Maman et mes deux grands-mères chéries cultivent le potager pour avoir toujours de beaux légumes à table.

Le dimanche, papa joue de l'accordéon, comme ça, pour le plaisir, et aussi pour fêter le bonheur retrouvé de la Roumanie. Tu sais, en 1991, mon pays est sorti de trente ans de dictature sous Nicolae Ceaușescu. Mes parents parlent souvent de cette époque de famine, de censure permanente et de peur. Notre capitale, Bucarest, a été saccagée et des villages détruits. Heureusement, je n'ai pas connu cette époque.

J'aime marcher dans la campagne, faire des randonnées avec Aurel, mon grand frère et papa, dans les Carpates, ces montagnes aux forêts impénétrables. Là se dissimule la forteresse de Vlad IV, plus connu sous le nom de Dracula!

Oui, Dracula a vraiment existé. Prince de Valachie – l'ancien royaume de Roumanie –, il résista au XVe siècle aux envahisseurs ottomans et, quand il les capturait, il les embrochait sur des pieux! D'où son surnom de Vlad Tepes, l'Empaleur en roumain, ou Dracula, le diable…

Une fois, lors d'une balade, j'ai même vu des gousses d'ails accrochées à la porte d'une maison perdue dans la montagne. Au cas où un vampire viendrait à passer par là… Cela me fait rêver. »

SUPERFICIE : 237 500 km².
HABITANTS :
22 789 900 Roumains.
POPULATION : Roumains, Hongrois, Tsiganes, Allemands.
RELIGIONS : orthodoxie, catholicisme, protestantisme, judaïsme.
LANGUES : roumain (officielle), hongrois, allemand, romani.
MONNAIE : leu.
CLIMAT ET MILIEU NATUREL : pays montagneux marqué à l'est par les Carpates et au sud par les Alpes de Transylvanie. La forêt couvre le tiers du pays qui connaît un climat de type continental, avec des étés chauds et des hivers froids. Précipitations concentrées au printemps.
PRINCIPALES RESSOURCES NATURELLES ET AGRICOLES : charbon et lignite exploités dans le sud-est des Carpates. Dans les plaines, tournesol, soja et betterave sucrière.

« Sur les bancs de l'école, à l'heure de la cantine. »
Photo de droite : mon père (au centre), mon oncle (à gauche), ma mère et mes deux grands-mères.

Monte Carlo

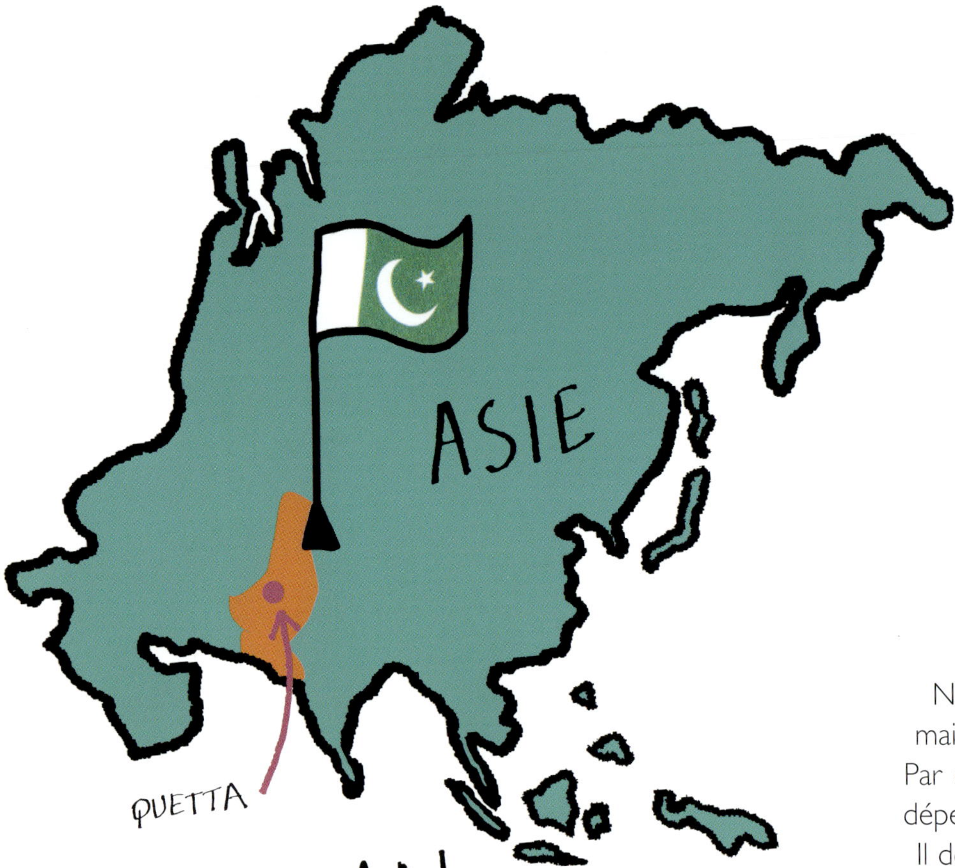

PAKISTAN

CAPITALE ISLAMABAD

ZAHINAB

13 ANS

SUPERFICIE : 796 100 km².
HABITANTS : 110 000 000 Pakistanais.
POPULATION : Pashtouns, Baloutches…
RELIGION : islam.
LANGUES : ourdou (officielle), anglais. Dans les montagnes, on parle pandjabi, pashtou, sindhi, baloutche.
MONNAIE : roupie pakistanaise.
CLIMAT ET MILIEU NATUREL : zone montagneuse au nord avec un climat sec, des étés pluvieux et des hivers relativement frais. Le reste du pays est marqué par de grosses chaleurs et une grande aridité.
PRINCIPALES RESSOURCES AGRICOLES : blé, millet, maïs, coton, canne à sucre.

« Asalaam aleikum,

Nous sommes six filles. Ses “six fleurs merveilleuses” comme dit papa ! Six fleurs mais six filles à marier. Enfin, plus que quatre. Moi, je vais encore à l'école, j'ai le temps. Par contre, pour mes trois sœurs, il serait temps de trouver un mari. Enfin, ça ne dépend pas d'elles. C'est mon père qui choisit.

Il doit aussi constituer une dot pour chacune de nous, qu'il remettra à la famille du futur époux, comme le veut la tradition. Ce n'est pas forcément de l'argent, cela peut être une télévision, des tapis, une voiture. Cela ruine parfois les familles. Mohamed en a des soucis, même s'il sourit sous son képi d'officier de police. Il est chargé de la circulation et il faut voir ça ! Au milieu des bus peints, des pick-up, des rickshaws et de la bousculade, des chefs pashtouns circulent, la kalachnikov en bandoulière, et des Baloutches rigolent sous leur calotte brodée. Parfois, on croise aussi des réfugiés afghans, très nombreux ici, à Quetta, car la frontière est toute proche.

Pendant que je suis à l'école, mes sœurs, qui doivent rester à la maison, aident ma mère à faire la cuisine, elles confectionnent aussi des robes et décorent la maison. Ce sont elles qui ont fait de notre cour une tonnelle, en plantant de la vigne. Elles ont même créé un petit verger. À table, nous avons toujours des fruits frais, des pêches et des cerises. Elles m'aident aussi à faire mes devoirs. Ma sœur aînée, Sakina, était institutrice. Maintenant, elle ne travaille plus, “ce n'est pas convenable pour une jeune fille en âge de se marier” dit mon père. Parfois, nous sortons tous ensemble flâner dans les rues du centre de Quetta, du côté de Jinnah Road, ou le long des allées bordées d'eucalyptus qui s'animent après la prière du soir. »

« À Quetta, les bus sont toujours bondés, alors on s'accroche comme on peut… »

IDREES

ADRIANA

5 ANS

« ¡Hola!

À Curanipe, tout le monde vit de la pêche. C'est un petit village tranquille au bord de l'océan Pacifique, au sud de Santiago, avec des maisons de toutes les couleurs et des filets qui sèchent sur la plage.

Papa vient juste d'arriver avec des paniers de crabes rouges. Felipe, mon grand frère, s'est précipité avec les vaches. Oui, avec des vaches ! Pour tirer sur la plage la lourde barque et la mettre à l'abri.

Après, avec Patricio, mon autre frère, nous aidons maman à vendre sur le marché la pêche du jour. Il faut voir l'ambiance, tout le monde crie pour se faire entendre.

La journée, je vais à l'école où je retrouve Maria, ma meilleure amie. Comme elle est jolie avec ses longs cheveux noirs ! C'est une véritable indienne Mapuche. Ici, au Chili, les Mapuches sont considérés comme des héros nationaux car ils ont tenu tête aux colons espagnols trois siècles durant ! Moi aussi j'ai du sang indien, enfin un peu.

Ne crois pas que le reste du Chili ressemble à mon village. Il y a chez nous des paysages incroyablement différents. Tout au nord, par exemple, c'est le désert de l'Atacama, avec des volcans, des geysers et des lacs de sel à perte de vue. À ce qu'il paraît, on peut y attendre la pluie plus de dix ans. Tout le contraire de la Patagonie, au sud du pays, une région très froide, battue par les tempêtes, qui finit par le cap Horn. C'est là que sévissent les quarantièmes rugissants tant redoutés des marins. Heureusement que papa ne va pas pêcher là-bas…

Aïe, le crabe que je tiens par les pinces me chatouille. Vite, que le photographe se dépêche ! »

SUPERFICIE : 756 900 km². **HABITANTS :** 13 370 000 Chiliens. **POPULATION :** Métis hispanisés (91 %), Indiens, Mapuches. **RELIGIONS :** catholicisme (76 %), protestantisme. **LANGUE :** espagnol. **MONNAIE :** peso. **CLIMAT ET MILIEU NATUREL :** climat diversifié, essentiellement méditerranéen et tropical. Falaises abruptes sur le littoral, le long de la cordillère des Andes qui culmine à 7 000 m. Collines et plateaux dans le centre, région désertique au nord du pays. **PRINCIPALES RESSOURCES NATURELLES ET AGRICOLES :** cuivre. Céréales, fruits, légumes, vin. Pêche.

« Après la pêche, les vaches doivent tirer les bateaux sur la plage. »

cholguán
Johnson
Pro Team

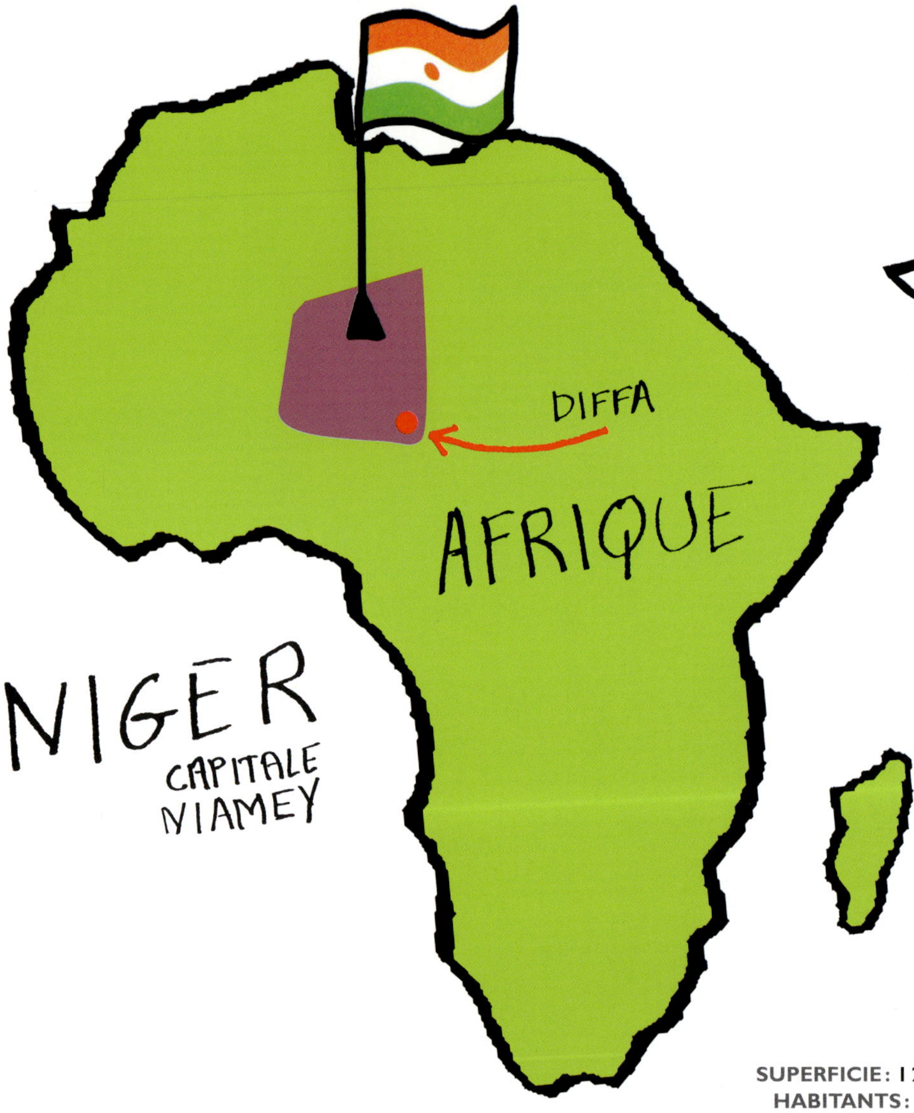

SARI
12 ANS

SUPERFICIE : 1 267 000 km².
HABITANTS : 9 800 000 Nigériens.
POPULATION : Touaregs, Peuls, Songhaïs, Bororos, Haoussas.
RELIGION : islam.
LANGUES : français (officielle), haoussa, djerma, peul, songhaï, berbère.
MONNAIE : franc CFA.
CLIMAT ET MILIEU NATUREL : pays enclavé d'Afrique occidentale au climat désertique. Les températures sont froides pendant la nuit et torrides en journée. Le Niger (fleuve) traverse l'ouest du pays.
PRINCIPALES RESSOURCES NATURELLES ET AGRICOLES : phosphates, charbon et fer. Sel, mil, sorgho, coton, tabac, arachide.

« Diam nali,

Je m'appelle Sari et je suis Bororo. Les Bororos sont des nomades peuls qui voyagent dans toute la zone méridionale du Sahara, au Niger, au Tchad, au nord du Nigeria et du Cameroun, dans cette partie de l'Afrique qu'on nomme le Sahel.

Nous ne possédons rien d'autre que notre troupeau de vaches rouges, quelques calebasses et des nattes portées à dos d'âne et marchons de point d'eau en point d'eau, dans la steppe aride et monotone. Nous ne mangeons de la viande que les jours de fête et, le reste du temps, du lait, du beurre et du fromage, accompagnés de mil fourni par les villageois sédentaires. La nuit tombée, des branches d'épineux nous font un abri pour dormir à la belle étoile. Les Bororos se considèrent comme de vrais nomades et des hommes libres, plus libres que les Touaregs qui sillonnent également le Niger avec leurs caravanes de chameaux et dorment dans des campements, sous des tentes.

Le Bororo est très fier de sa beauté physique. Nos hommes sont minces, ont de grands yeux, le front haut, le nez droit et un très beau sourire. Regarde mon frère ! Pour conserver la pureté de leurs traits, les Bororos s'interdisent d'ailleurs tout métissage.

Chaque année, lors de la saison des pluies, a lieu une fête exceptionnelle, le Gerewol, un concours de beauté entre jeunes Bororos. Après s'être longuement maquillé le visage, les hommes parés de bijoux et costumés se réunissent et chantent en chœur, une seule note, lancinante. Les jeunes filles se précipitent alors sur l'élu de leur cœur. Un jour, moi aussi, je choisirai le mien, ce sera le plus beau. »

« Grands greniers à mil. Pour y accéder, il faut monter sur le toit et enlever ce drôle de petit chapeau en terre cuite. »
Photo de droite : mon père (au turban vert), ma mère, mes quatre sœurs et mon grand frère (à droite).

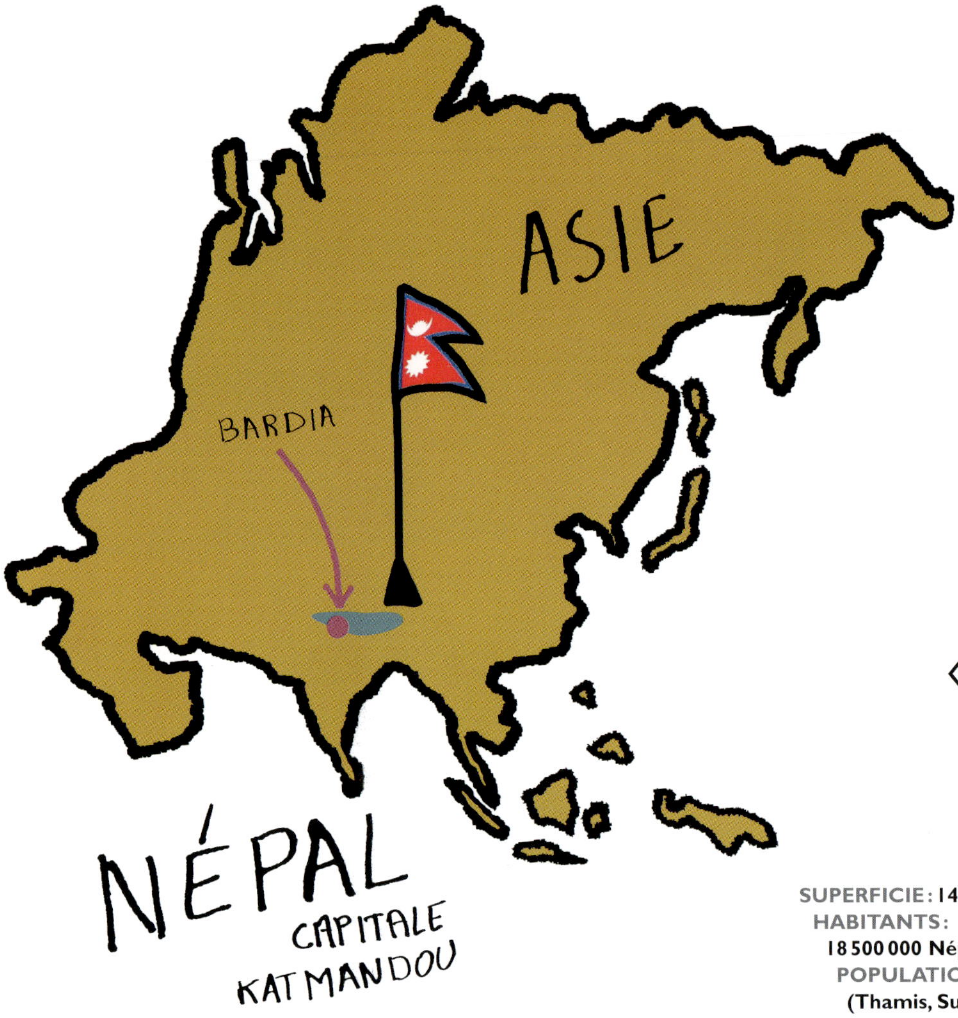

LAKSMI
5 ANS

SUPERFICIE : 140 800 km².
HABITANTS : 18 500 000 Népalais.
POPULATION : Kirants (Thamis, Sunwars, Jirels, Limbus, et Raïs), Gurkhas (Gurungs, Tamangs), Sherpas…
RELIGIONS : hindouisme (90 %), bouddhisme.
LANGUE : népali.
MONNAIE : roupie népalaise.
CLIMAT ET MILIEU NATUREL : pays forestier (30 % du territoire) et montagneux aux températures fraîches en altitude.
PRINCIPALES RESSOURCES AGRICOLES : maïs, blé, orge. Ovins, bovins.

« Namaste,

Je distingue les hauteurs de l'Himalaya. Drapé dans la brume, l'Everest, le plus haut sommet du monde, culmine à 8 850 mètres, à califourchon entre le Népal et le Tibet. L'Himalaya est le toit du monde, le refuge des dieux, mais aussi des sherpas – peuplade montagnarde d'origine tibétaine, aujourd'hui renommée dans le monde entier pour la vaillance de ses guides de haute montagne –, des troupeaux de yaks – ces sortes de vaches à la toison laineuse –, de l'ours noir et du yéti, l'abominable homme des neiges… Le nord du Népal ruisselle de torrents montagnards, de rivières aux eaux tumultueuses qui s'écoulent tous vers le Gange, le grand fleuve sacré de l'Inde.

Je ne vis pas en altitude mais, perché sur Bua mon éléphant, je domine la forêt humide et les vertes collines du Teraï, la région frontalière de l'Inde, plus au sud. J'habite en plein cœur d'une grande réserve d'animaux, le parc de Bardia. Juste à côté d'un petit village, où la légende veut que soit né Bouddha, à un jour de voyage de la vallée de Katmandou.

Mon père est guide. Il promène les touristes à dos d'éléphant pour des safaris dans la jungle. Il a appris son métier de cornac – c'est ainsi que l'on appelle celui qui est chargé des soins et de la conduite d'un éléphant – à l'âge de 14 ans. C'est un métier très prestigieux chez nous car les éléphants sont sacrés. Dans le panthéon de nos dieux hindous, Ganesha a une tête d'éléphant.

Si tu viens me voir, je t'emmènerai à dos d'éléphant, débusquer le rhinocéros unicorne au détour d'un chemin et le plus beau des félins, le tigre du Bengale. En fin de journée, nous irons baigner Bua dans la rivière Geruwa. Peut-être alors aurons-nous la chance d'apercevoir l'étrange dauphin d'eau douce du Gange ? »

« Bienvenue en Himalaya, patrie des sherpas, des yaks et du yéti ! »

MICKEY

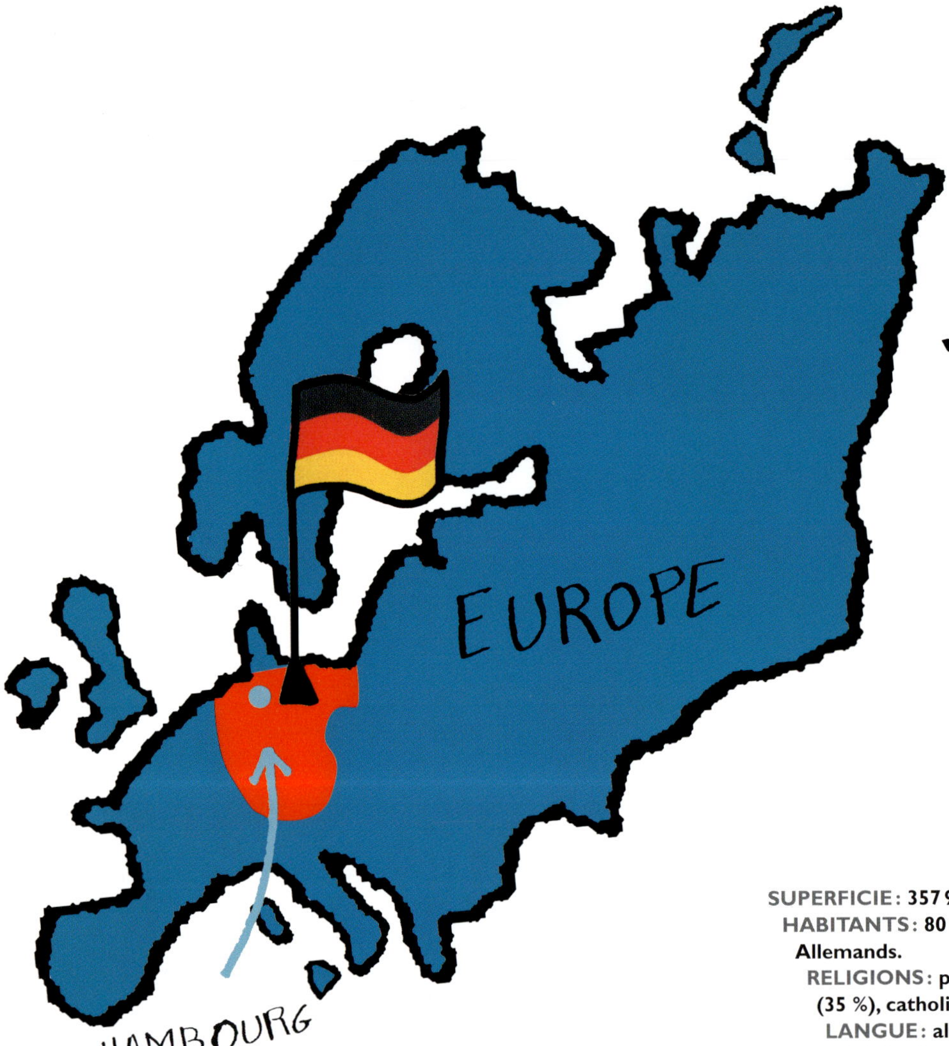

ALLEMAGNE

CAPITALE BERLIN

JAMO

3 ANS

SUPERFICIE : 357 900 km².
HABITANTS : 80 975 000 Allemands.
RELIGIONS : protestantisme (35 %), catholicisme (34 %)…
LANGUE : allemand.
MONNAIE : euro.
CLIMAT ET MILIEU NATUREL : climat continental avec des hivers froids et secs et des étés pluvieux. La forêt couvre 29 % du territoire.
PRINCIPALES RESSOURCES NATURELLES : charbon, lignite. Important producteur d'acier.

« Guten Tag,

C'est les vacances. Les grandes, pas les petites, celles où on a le temps d'oublier tout ce qu'on a fait à l'école. Aujourd'hui, on est dans un parc de Hambourg – où nous habitons, tout au nord de l'Allemagne – et je m'amuse avec Mila, ma meilleure amie, dans sa salopette rose.

On s'est connus au club de peinture où nous allons tous les après-midi après l'école. Tu sais qu'en Allemagne, on ne va à l'école ou au collège que le matin… C'est génial, nous avons ainsi le temps de faire du sport, du théâtre ou de la musique. Moi, c'est la peinture. D'ailleurs, le tee-shirt que je porte sur la photo est une de mes créations !

Mes parents disent toujours que l'art, c'est aussi important que le calcul ou la lecture. Mais je ne te les ai pas encore présentés… Annette, qui tient dans ses bras ma petite sœur Ella, et Sacha. Sacha, mon père, est d'origine africaine, du Burundi. Il travaille à la télévision, il adore le foot – moi aussi d'ailleurs – et la musique. Maman est sage-femme. Elle a absolument voulu qu'Ella et moi naissions à la maison, comme autrefois.

Nous quitterons peut-être Hambourg, un jour, pour nous installer au bord de la mer Baltique, à une cinquantaine de kilomètres d'ici, dans une grande cabane sur la plage, sans eau ni électricité. C'est le rêve de maman mais il ne faut pas le dire…

Moi aussi, j'ai des rêves plein la tête. Peindre un jour un grand tableau, aller au Burundi avec Mila ou devenir gardien de but de la Mannschaft, notre équipe nationale de football. Et puis, tu sais, la prochaine coupe du monde aura lieu ici, en Allemagne, en 2006. »

« Sur la plage de Timmendorf, au bord de la mer Baltique, il y a des corbeilles pour s'abriter du vent. »
Photo de droite : mes parents avec ma petite sœur et, à côté de moi, ma meilleure amie.

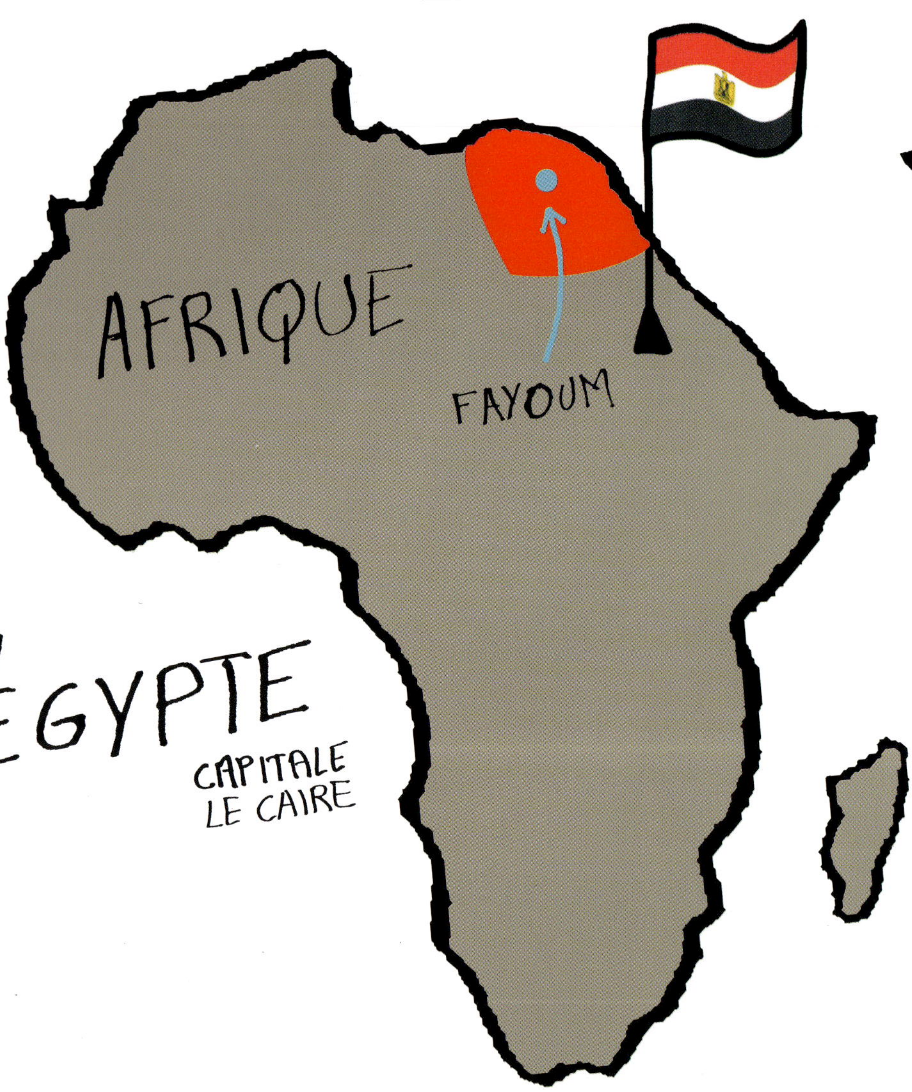

AHMED
6 ANS

SUPERFICIE : 1 001 400 km².
HABITANTS : 66 900 000 Égyptiens. La quasi-totalité de la population se concentre dans la vallée du Nil.
RELIGIONS : islam (sunnites 90 %), christianisme (coptes), judaïsme.
LANGUES : arabe, nubien.
MONNAIE : livre égyptienne.
CLIMAT ET MILIEU NATUREL : deux déserts ponctués d'oasis sont séparés par un ruban de terres fertiles, la vallée du Nil. La construction du barrage d'Assouan a permis une irrigation indépendante des crues du Nil.
PRINCIPALES RESSOURCES NATURELLES ET AGRICOLES : pétrole. Coton, canne à sucre, blé et riz.

« Ahlan wa sahlan,

Mon père a une sacrée moto ! Ici, dans mon bourg de Fayoum, c'est chose rare. On circule plutôt à dos d'âne, alors il emmène régulièrement les gens du village sur sa machine.

Aujourd'hui, je pars avec lui. La route qui longe le fleuve est toute cabossée, fissurée ! Le Nil inonde souvent la vallée de son précieux limon qui fertilise les terres. On se faufile entre les charrettes chargées de foin, les camionnettes bondées, les troupeaux de chameaux, les cars de touristes à l'assaut des pyramides… ces pyramides qui abritent les tombes des rois pharaons depuis plus de 4 000 ans ! Un peu plus loin, le Sphinx, à tête de femme et corps de lion, monte la garde aux portes du désert.

Tandis que mon père travaille au Caire où il peint des peaux de chameaux en plein air, j'aide mes copains, Naguib et Farid à vendre des petits pains au sésame, des *semit,* dans les ruelles du souk. Ça sent bon le bois, le miel, les épices. Le Caire est une ville incroyable, la plus grande et la plus peuplée des cités d'Afrique. Elle grouille de monde avec ses douze millions d'habitants.

Je ne vais pas toujours vendre des *semit.* Je veux devenir un grand archéologue et explorer les pyramides avec ma lampe de poche, peut-être découvrir des tombeaux inviolés… ou un sarcophage doré comme celui de Toutankhamon… »

« C'est l'une des plus belles routes du pays, elle traverse le désert du Sinaï. »
Photo de droite : mon père, ma mère avec ma petite sœur et mes copains qui voulaient tous être sur la photo.

JAWA

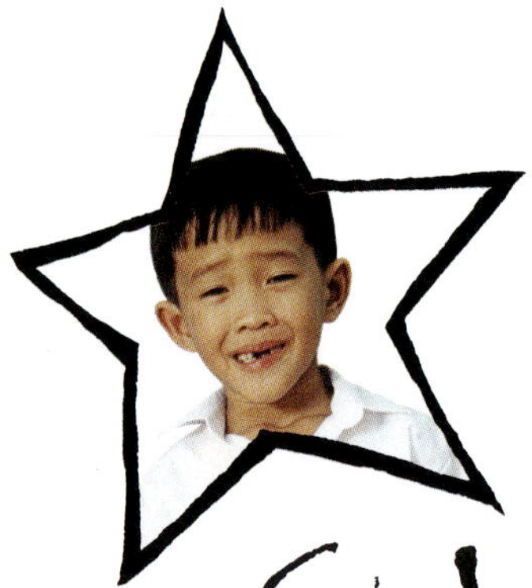

CU TOÀN
6 ANS

SUPERFICIE : 329 500 km².
HABITANTS : 72 000 000 Vietnamiens.
POPULATION : Vietnamiens (86 %), Chinois, Thaïs, Khmers…
RELIGIONS : taoïsme, bouddhisme.
LANGUES : vietnamien (officielle), khmer, chinois, cham, thaï…
MONNAIE : dông.
CLIMAT ET MILIEU NATUREL : pays de montagnes et de collines. La mousson d'été inonde le pays de juin à septembre. La mousson d'hiver est caractérisée par des vents violents de nord-est.
PRINCIPALES RESSOURCES NATURELLES ET AGRICOLES : charbon et pétrole. Riz, caoutchouc, thé, copra.

« Chào,

Ça y est, c'est la fête de la nouvelle année et du printemps qui revient ! La fête du Têt ! Je n'en pouvais plus d'attendre et bouillais d'impatience. Une fête qui dure quinze jours, tu as déjà vu ça ? On entre dans l'année du Dragon. Justement mon animal préféré.

Pendant le Têt, on peut faire tout le boucan qu'on veut, pour une fois. Crier, taper sur des tambours, courir dans les rues. Il faut bien faire fuir les mauvais esprits, et ces trouillards détestent le bruit paraît-il !

Moi, je me suis engagé, pour cette nouvelle année, à ne pas me disputer avec ma petite sœur Phuong. Le jour de l'an, chez nous, c'est sacré, pas de bagarre, pas de colère, pas de gros mots. Sinon, ça porte malheur pour les douze mois à venir.

Vite, vite, on pose pour la photo à côté du drapeau du Viêtnam que papa a sorti dans le jardin, comme tous les habitants de Hoi An, tandis que maman a disposé sur l'autel de la maison, près des tablettes de bois symbolisant mes aïeux, des bâtonnets d'encens et de santal ainsi qu'une fleur très blanche qui sent bon.

On ne bouge pas. Phuong, très coquette, a mis sa robe de poupée et pris son petit sac à secrets. Tout à l'heure, avec nos cousins, on va se régaler de *banh chung*, ces gâteaux de riz farcis à la viande que maman a confectionnés pour l'occasion. Et demain on ira tous ensemble voir les défilés, la danse du lion et du dragon. Il y aura des tambourins et des cracheurs de feu. Je serai au premier rang !

Pour cette nouvelle année, je souhaite que mon papa, pêcheur, ramène plus de poissons dans son filet. Et moi, encore plus de bonnes notes dans mon cartable.

Bonne année à tous les enfants du monde ! »

« C'est Trân, mon meilleur ami, qui emmène sa petite sœur à l'école. »

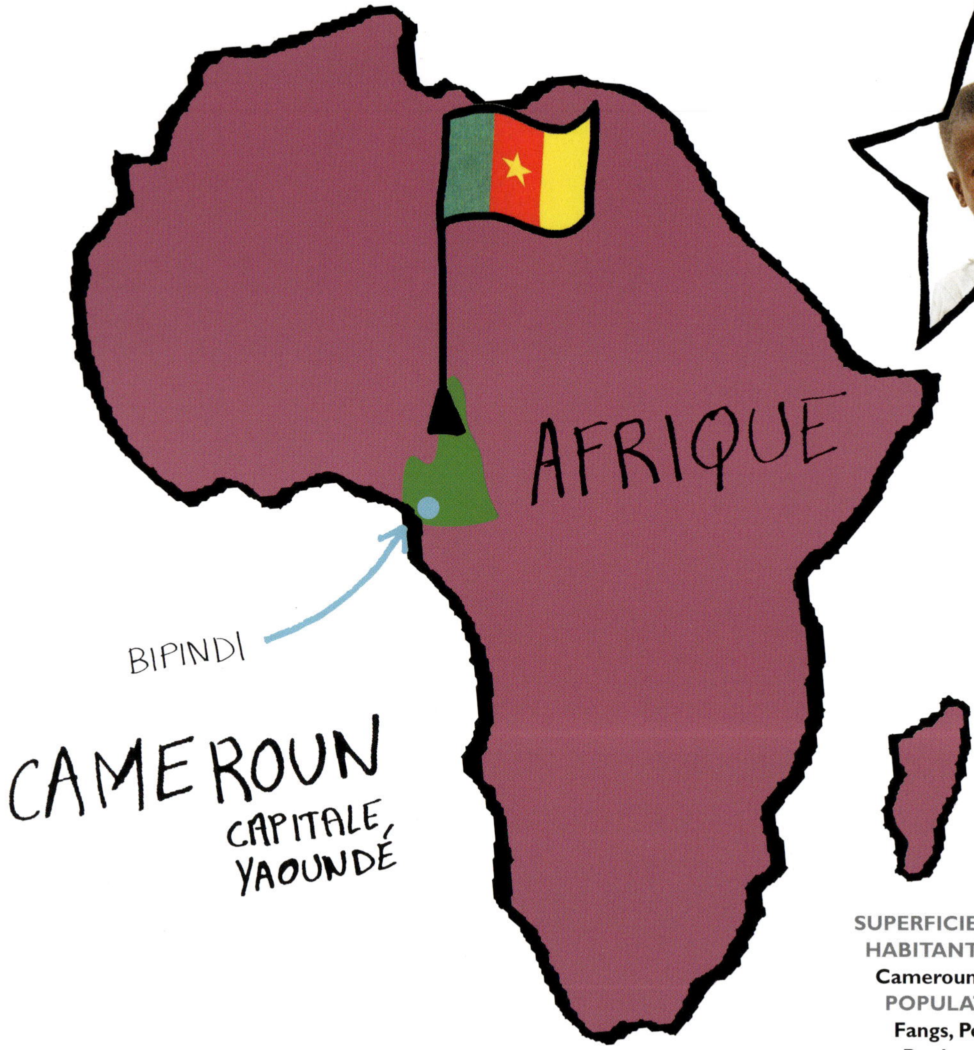

PIERRE
6 ANS

SUPERFICIE : 475 400 km².
HABITANTS : 13 900 000 Camerounais.
POPULATION : Bamilékés, Fangs, Peuls, Pygmées, Betis, Boulous, Bassas, Doualas, Haoussas, Foulbés.
RELIGIONS : catholicisme, islam, protestantisme, animisme.
LANGUES : anglais et français (officielles), langues bantoues dans le Sud ; soudanais dans le Nord.
MONNAIE : franc CFA.
CLIMAT ET MILIEU NATUREL : climat chaud et humide au sud, forêt équatoriale. Climat sec au nord, savane.
PRINCIPALES RESSOURCES NATURELLES ET AGRICOLES : aluminium, fer, uranium et pétrole au large des côtes. Manioc, bananes et patates douces en zones humides. Au nord, arachide et coton, et dans les régions forestières, café et cacao.

« Wadispoiké,

Si je suis Camerounais, j'appartiens avant tout à un peuple qui se moque des frontières, les Pygmées. Tu as sûrement entendu parler de nous. Nous sommes tout petits, les adultes ne mesurent pas plus d'1,55 m. Des Pygmées, on peut en trouver dans plusieurs pays d'Afrique centrale, comme le Congo ou le Gabon.

Moi, je suis Pygmée Bagyeli et je vis du côté de Bipindi, au sud-est du Cameroun, au bout d'une piste cabossée, à moitié recouverte de bambous. On nous appelle le peuple de la forêt, car notre vrai pays, c'est elle. Planter des légumes ou élever du bétail n'a jamais fait partie de nos traditions. Nous passons le plus clair de notre temps à chasser. Avec son arbalète et ses flèches empoisonnées, Papa m'emmène souvent en plein cœur de la brousse, au milieu d'un fouillis de lianes et de fougères. Nous utilisons aussi des filets pour capturer les antilopes. Nous marchons en silence et puis, tout à coup, en haut d'un arbre, un singe… Pendant ce temps, maman et mes petits frères et sœurs s'occupent de chercher des légumes sauvages, noix, ignames, feuilles de lianes, mais aussi miel et chenilles.

Quand on ne part pas en brousse plusieurs jours, voire quelques semaines pendant la saison des pluies, pour le ramassage des chenilles, je vais à l'école. Elle est tenue par des religieuses et porte le joli nom de Notre-Dame-de-la-Forêt. Certains cours se passent dans les sous-bois ou près des rivières, on nous apprend à cueillir des plantes, à pêcher ou à danser. »

« Les fameux pics de Rumsiki, au nord du Cameroun. Ça me change de la brousse ! »
Photo de droite : mes parents et mes cinq frères et sœurs.

POTROCINO

11 ANS

« Buenos días,

On était à l'école du hameau quand papa est venu nous chercher pour la photo. Nous nous sommes dépêchés, on a même couru sur le sentier. Mais courir est une vieille tradition pour les Tarahumaras.

Sur les contreforts de la Sierra Madre, nous organisons des courses entre les villages. Tout le monde y participe, les femmes, les hommes, et même les enfants. Des paris sont organisés, on fait la fête. J'en profite pour manger des *tacos*, des galettes de maïs que l'on remplit de viande hachée, avec des haricots noirs, des *frijoles*.

Mes ancêtres ont toujours vécu ici, dans cette région montagneuse et aride du nord du Mexique, au sud-ouest de Chihuahua. Avec mon frère Carlos, on connaît tous les sentiers autour de Batopilas. Parfois, mon père me prête son cheval et je vais faire un tour sur la piste bordée de ces immenses cactus candélabres qui ressemblent à des cierges. Quand je galope, je me prends pour un de ces rebelles mexicains qui franchissaient le Río Grande – le fleuve qui sépare mon pays des États-Unis –, au temps des cow-boys ; ou pour Pancho Villa, notre héros national, qui lutta toute sa vie pour défendre les Indiens exploités par les grands propriétaires.

Il y a quelques jours, à la Toussaint, nous avons célébré au village la fête des Morts. Ce n'est pas une fête triste, bien au contraire. On se déguise en squelettes, on croque des têtes de mort en sucre, on s'amuse au son de l'accordéon et de la guitare avant d'aller à la messe ! Et je ne te parle pas de la semaine sainte, à Pâques… On danse trois jours et trois nuits de suite pour faire venir la pluie, en implorant les dieux de la terre et du ciel. Comme le faisaient mes ancêtres. »

SUPERFICIE : 1 972 500 km^2.
HABITANTS : 81 249 600 Mexicains.
POPULATION : Métis, Blancs d'origine espagnole, Amérindiens (Tarahumaras).
RELIGION : catholicisme.
LANGUE : espagnol.
MONNAIE : peso.
CLIMAT ET MILIEU NATUREL : trois climats coexistent. Des terres chaudes, dans les plaines littorales, propices à la forêt vierge et aux plantations ; des terres tempérées et des terres froides sur les plateaux. Omniprésence de risques climatiques (sécheresse, inondations, séismes).
PRINCIPALES RESSOURCES NATURELLES ET AGRICOLES : argent, plomb et or. Maïs principalement.

« Têtes de morts en sucre pour la fête de la Toussaint. C'est délicieux ! »

MADE
7 ANS

« Selamat,

Mon père dit souvent que l'île de Bali est le paradis terrestre. Si les dieux habitent quelque part, c'est sûrement ici. Le temps coule doucement, entre saisons sèches et saisons des pluies. Les cérémonies, les danses, les processions, rythment notre vie quotidienne. Bali est une des rares enclaves hindouistes dans l'immense archipel d'Indonésie musulmane.

Pour nous, tout dans la nature a une fonction magique. Les montagnes et les volcans sont bienveillants et sacrés. La légende veut que les quatre volcans de la région – dont le Gunung Agung, "le nombril du monde" – soulevèrent la terre pour former le trône des dieux. En revanche, la mer est le repaire des esprits maléfiques. Pour apaiser l'océan, nous nous rendons en pèlerinage au temple de Tanah Lot, perché sur un rocher, accessible à marée basse et gardé par des serpents… Mais cela n'empêche pas les surfeurs du monde entier de s'y donner rendez-vous.

Mon village, Tegelaland, à quelques kilomètres d'Ubud, le village des peintres et des sculpteurs, est entouré d'extraordinaires rizières en terrasses. Elles dégringolent des volcans jusqu'à la mer!

Le temple couvert de mousse est le temple familial devant lequel ma mère et ma grand-mère déposent, plusieurs fois par jour, des fleurs et des petites offrandes de riz enrobé de feuilles de palmiers.

Si la vie est douce ici, elle l'est plus encore pour les enfants. À Bali, un enfant est considéré comme pur car plus proche des dieux que les adultes. Nous ne sommes jamais ni grondés ni frappés. Et les bébés, comme ma petite sœur avec son bonnet sur la tête, sont constamment dans les bras de leur mère pour éviter tout contact avec le sol impur.

Bali, c'est le paradis des dieux et des enfants… »

SUPERFICIE : 1 904 500 km².
HABITANTS : 180 000 000 Indonésiens.
POPULATION : Malayo-Polynésiens, Papous, Mélanésiens, Chinois, Arabes.
RELIGIONS : islam (87 %), christianisme, bouddhisme, hindouisme, animisme. L'athéisme est interdit.
LANGUES : indonésien et plus de 530 langues locales dont le javanais.
MONNAIE : roupie.
CLIMAT ET MILIEU NATUREL : alternance de courtes saisons sèches puis très humides.
PRINCIPALES RESSOURCES NATURELLES ET AGRICOLES : pétrole. Riz, maïs, soja, arachide, tabac, hévéas, palmier à huile, cocotiers, cacao, épices. Premier exportateur mondial de rotin.

«Au bord de la route, des litchis fraîchement cueillis.»
Photo de droite : mon père, ma mère, ma petite sœur et ma grand-mère.

TRINO

10 ANS

SUPERFICIE : 912 000 km².
HABITANTS : 20 000 000 Vénézuéliens.
POPULATION : Métis, Blancs, Noirs, Amérindiens.
RELIGION : catholicisme.
LANGUE : espagnol.
MONNAIE : bolívar.
CLIMAT ET MILIEU NATUREL : climat tropical chaud et humide au sud qui devient progressivement aride au nord s'étend la savane. Le Sud est recouvert d'une forêt dense. Zone aride sur le littoral caraïbe. La cordillère des Andes traverse le nord-est du pays.
PRINCIPALES RESSOURCES AGRICOLES : blé, maïs et pommes de terre en altitude, café et cacao dans les régions plus basses.

« ¡Hola!

J'habite un petit coin de paradis, au bord d'une des plus belles plages du Venezuela, la *playa* Pui Pui, non loin de l'île de Trinidad, aussi belle que déserte.
Ici, sur cette côte difficilement accessible, il n'y a qu'une dizaine de maisons de pêcheurs à des kilomètres à la ronde. Dont la nôtre… Le reste, c'est la mer. La mer des Caraïbes, rien que pour nous.
Je quitte chaque jour la plage, avec mes frères, pour aller à l'école de Rio Caribe en bateau. Là-bas, je retrouve mes copains et surtout mes copines! Parce qu'à la maison, on est six garçons, enfin sept avec papa. Et dire que c'est dans mon pays que se trouvent les plus belles filles du monde! Oui, le Venezuela détient le record des Miss monde… Rodrigo, mon grand frère a une très jolie amoureuse, Yolanda.
Avec mes frères, on aime jouer aux aventuriers, on descend la rivière qui se jette dans le golfe de Paria avec une petite pirogue à moteur. Parfois, on croise des caïmans à lunettes, une espèce très répandue sur nos côtes, mais ils sont inoffensifs. Enfin, je l'espère…
Après, on rentre à la maison. Maman se repose dans le hamac sous l'œil attentif de Papaïto, notre perroquet, tandis que papa boit un petit verre de rhum et nous raconte sa journée dans les plantations de cacao ou en haute mer. Et, comme tous les soirs, ça finit par une grande partie de foot sur le sable. »

«Papaïto, notre perroquet, et sa compagne!»

JOOST
4 ANS

PAYS-BAS
CAPITALE AMSTERDAM

SUPERFICIE : 41 500 km².
HABITANTS :
15 129 000 Néerlandais.
RELIGIONS : catholicisme, protestantisme, islam.
LANGUES : néerlandais (officielle), frison.
MONNAIE : euro.
CLIMAT ET MILIEU NATUREL : climat océanique, frais et pluvieux. Vents violents sur le littoral.
PRINCIPALES RESSOURCES AGRICOLES : bovins, cultures florale et maraîchère.

Le nom de Hollande est parfois utilisé improprement pour désigner les Pays-Bas. Elle ne concerne qu'une partie du pays.

« Les Hollandais ont toujours été de grands marins. Voici un voilier presque aussi vieux que notre moulin. »

« Goedemorgen,

Ce moulin est un vrai moulin à vent, né en 1826, construit par mes arrière-arrière-grands-parents et que mes parents utilisent encore tous les jours. Oui, mon père et ma mère sont meuniers. Ils achètent du blé aux agriculteurs puis le moulent pour obtenir de la farine, de la vraie farine naturelle, sans aucun produit chimique. Les boulangers de toute la Hollande et d'ailleurs viennent acheter chez nous de quoi faire du bon pain.

À l'école, on nous apprend très tôt à respecter l'environnement et, dès qu'ils le peuvent, les Hollandais circulent en vélo plutôt qu'en voiture…

Si tu viens un jour du côté de Beesd, pas très loin d'Amsterdam, tu seras étonné de voir à quel point mon pays est plat. C'est bien moins fatigant pour le vélo ! Près du tiers du territoire se trouve même sous le niveau de la mer. Alors, il a fallu élever des digues pour se protéger, surtout au moment des grandes marées. On a asséché des lacs et des marais pour créer des nouvelles étendues de terre, des *polders*. Chez nous, on fait même reculer la mer !

Nous restons malgré tout un peu à l'étroit dans notre petit pays. Alors, nous voyageons. Cette année, pour nous changer du patin à glace sur le canal gelé, papa et maman nous ont emmenés avec Bart, mon petit frère, faire du ski dans les Alpes ! »

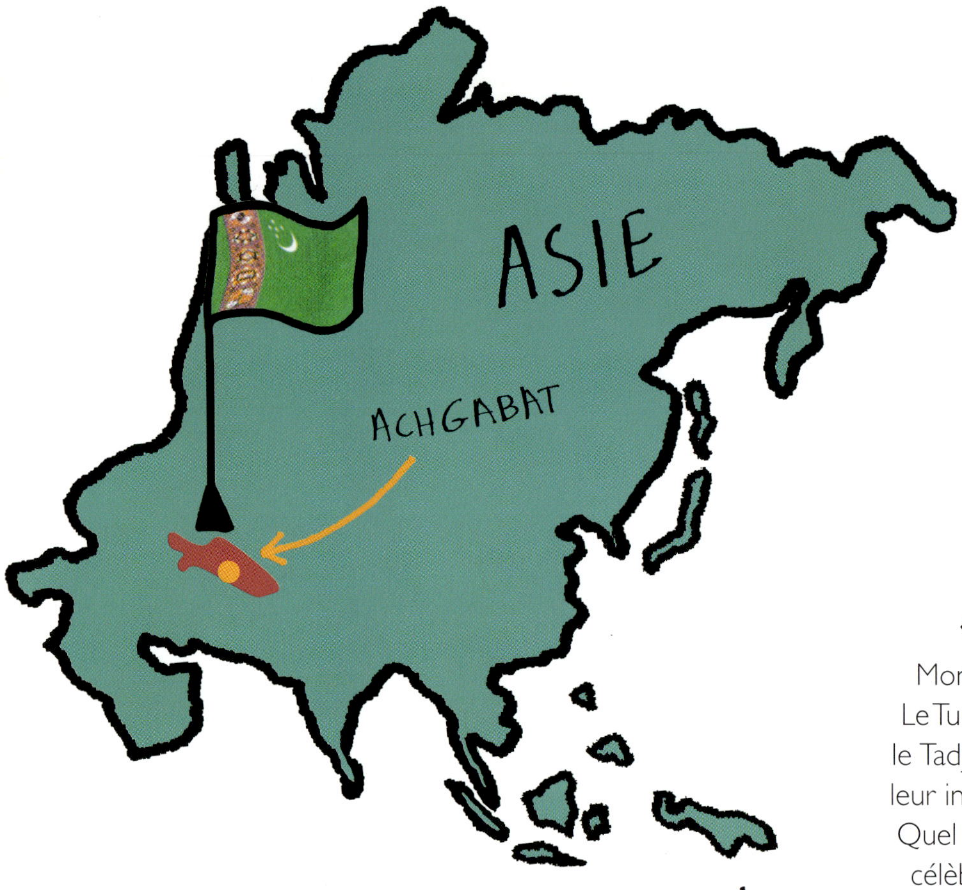

AIJAHAN
9 ANS

TURKMÉNISTAN
CAPITALE
ACHGABAT

« Salam,

Mon pays ne fait pas souvent la une des journaux!

Le Turkménistan, comme tous ses voisins d'Asie Centrale – l'Ouzbékistan, le Kirghizistan, le Tadjikistan, le Kazakhstan – a appartenu à l'URSS, l'ancien régime soviétique, avant leur indépendance en 1991.

Quel pays aride! Presque entièrement recouvert par l'immense désert du Karakoum, célèbre pour ses dunes de sable noir. En réalité, il n'est pas vraiment noir. Ce sont les moutons qui y vivent qui sont noirs! Avec leur laine bouclée, l'astrakan, on confectionne des toques. Exactement comme celle de mon grand-père à la barbe blanche! Grand-père s'appelle Ogulkurban, il est directeur des costumes à l'opéra d'Achgabat.

C'est là que nous habitons, à quelques rues de l'immense statue de Lénine – la plus célèbre d'Asie centrale – vestige de notre passé communiste. Notre capitale, près de la frontière iranienne, est une véritable oasis aux portes du désert. Grâce au canal d'irrigation du Karakoum, qui relie Achgabat à la mer Caspienne, nous avons maintenant des parcs magnifiques.

Pour la photo, nous avons voulu poser sur la terrasse avec nos tapis turkmènes – il n'y a pas que les tapis persans de nos voisins iraniens! Ceux d'Achgabat sont réputés dans le monde entier. Ils représentent toujours des fleurs, motif que l'on retrouve sur notre drapeau, brodées à la main. Le tapis fait partie de la vie quotidienne, c'est là que l'on prend le thé, que l'on discute, que l'on se repose et que l'on prie.

Ah! si seulement, il pouvait voler… »

SUPERFICIE: 488 100 km².
HABITANTS: 3 859 000 Turkmènes.
POPULATION: Turkmènes, Russes, Ouzbeks, Kazakhs, Tatars, Ukrainiens, Arméniens.
RELIGION: islam.
LANGUE: turkmène.
MONNAIE: rouble.
CLIMAT ET MILIEU NATUREL: climat continental excessif avec des étés très chauds et des hivers très froids. Le désert sablonneux du Karakoum occupe la majeure partie du pays. Les bordures du pays sont plus fertiles.
PRINCIPALES RESSOURCES NATURELLES ET AGRICOLES: gaz et pétrole du littoral caspien. Coton, fruits, légumes.

«Dans les rues d'Achgabat, tu peux voir des photos géantes de notre président un peu partout.»
Photo de droite: mon oncle et ma tante (à gauche), mes parents, mes cousins et mes sœurs (à droite), mes grands-parents (devant).

GERALDA
6 ANS

HAÏTI
CAPITALE
PORT-AU-PRINCE

« Bonjou,

Comme tous les dimanches après la messe, nous pique-niquons avec mes parents, mes frères et sœurs, ma tante Edwige et mes cousins dans un parc de Miami. Oui, nous vivons à Miami, en Floride, car la vie y est plus facile que dans mon pays et il y fait aussi chaud.

Nous habitons Biscaine Boulevard, en bord de mer, une petite maison colorée à la mode haïtienne, en rouge et bleu. La plupart des gens du quartier sont Cubains ou Portoricains et parlent espagnol. Heureusement que j'étudie l'anglais à l'école, comme ça on peut tous se comprendre ! Mais à la maison, nous parlons créole. C'est la langue d'Haïti, elle possède plein de mots d'origine française, "bonjou", "bonswa", "adwat", "gòch"…

Cet été, nous irons passer les vacances au pays, du côté de Port-au-Prince. Mon père, qui est pasteur, veut y faire construire une école dans les quartiers pauvres. Une école qui ne s'effondre pas avec les cyclones et les tornades. Avant l'école, les enfants doivent souvent marcher plus d'une heure pour aller chercher de l'eau à la fontaine publique ou à la source, car il n'y a pas d'eau chez eux.

Bon, pour l'instant j'ai hâte que l'on déballe le repas. Maman nous a préparé un délicieux *riz djon-djon*, du riz avec des champignons noirs, des petits pois frais, de l'ail et du piment bouc. Après, je ferai une partie de dominos – les Haïtiens adorent ce jeu – avec papa. Et si je gagne, je lui accrocherai, comme le veut la tradition, une pince à linge sur le visage. Sur le nez ou sur l'oreille, je ne sais pas encore ! »

SUPERFICIE : 27 700 km².
HABITANTS : 6 647 000 Haïtiens.
RELIGIONS : christianisme, vaudou.
LANGUES : français, créole.
MONNAIES : gourde et dollar.
CLIMAT ET MILIEU NATUREL : climat tropical avec des risques de cyclone dans le Sud. Les forêts originelles ont disparu, la faune est très appauvrie.
PRINCIPALES RESSOURCES AGRICOLES : maïs, sorgho, tubercules divers, riz.

« Une scène de marché dans un tableau typiquement haïtien ! »
Photo de droite : mes parents, ma tante (à droite) et mes six frères et sœurs.

SORAYA

15 ANS

«¿Qué tal?

En Espagne, on vit la plupart du temps dehors. Le soleil est ici chez lui, que ce soit en Andalousie, dans les ruelles des petits villages blancs, dans les champs de blé à perte de vue des plateaux de Castille, sur les plages d'Ibiza ou ici, à Morella, du côté de Valence.

Dans ces conditions, on déjeune tard, on dîne tard – jamais avant dix heures du soir – et on se couche tard… C'est ça l'heure espagnole!

Et quand on a une petite faim, on grignote des *tapas*. Tu ne connais pas les *tapas*? Ce sont ces petites portions que l'on grignote au moindre petit creux. Mes préférés: la *tortilla*, cette délicieuse omelette le plus souvent aux pommes de terre, le jambon cru *serrano* et l'excellent saucisson épicé appelé *chorizo*.

Le soir, à la nuit tombée, dès qu'il fait un peu plus frais, les gens de Morella, comme dans toutes les villes ou les villages d'Espagne, vont se promener en famille. C'est l'heure du *paseo*. On flâne, on prend son temps avec ses amis, les jeunes comme les moins jeunes.

Une vieille citadelle domine la ville. Elle a été construite au XIVe siècle par des chevaliers chrétiens pour lutter contre les Maures, ces musulmans d'Afrique du Nord qui avaient envahi l'Espagne six siècles auparavant. Quand j'étais plus petite, je jouais à cache-cache avec mon frère dans les rues étroites qui montent vers le château. Oui, j'ai toujours vécu ici. Mais je rêve de découvrir d'autres Morella, en Espagne ou ailleurs.»

SUPERFICIE: 504 700 km².
HABITANTS: 38 999 200 Espagnols.
RELIGION: catholicisme.
LANGUES: castillan, catalan, galicien, basque.
MONNAIE: euro.
CLIMAT ET MILIEU NATUREL: climat méditerranée au nord et au sud, continental au centre et océanique à l'ouest.
PRINCIPALES RESSOURCES AGRICOLES: huile d'olive (2e producteur mondial), vin, agrumes. Culture du riz en Andalousie.

«J'ai rapporté cette photo de la mosquée de Cordoue, construite au VIIIe siècle.»
Photo de droite: mon grand-père, mes parents et mon frère.

ÉTHIOPIE

CAPITALE ADDIS-ABEBA

ASCOUROU

14 ANS

« Mahisse,

Apprends à connaître les Afars. Les terribles Afars. Apprends que mon peuple est guerrier et cruel.

Chez nous, les hommes doivent être durs, belliqueux et braves s'ils veulent gagner le respect des autres tribus et surtout celui des femmes. Il n'y a pas si longtemps, ils devaient même tuer un homme pour en devenir un eux-mêmes.

Aujourd'hui, l'homme afar est toujours armé. Il possède un long couteau à la lame recourbée comme ceux de mon frère et de mon père. Mais ne crains rien. Ils ne le sortiront pas de leur gaine. Sauf pour nous protéger, ma mère, la seconde épouse de mon père, mon petit frère et moi.

Apprends que nous, les Afars, sommes un peuple de bergers nomades. Ma famille possède des troupeaux de chèvres, de chameaux et de bœufs à longues cornes. Le désert de la vallée d'Aouach où nous vivons, au centre de l'Éthiopie, est parmi les plus chauds du monde. Il y a peu de puits et nous devons marcher longtemps pour trouver de l'eau pour nos bêtes. Nous nous nourrissons de lait caillé, essentiellement de chamelle, rarement de viande. S'il n'y avait que la sécheresse, mais il faut compter avec la mouche tsé-tsé, dont la redoutable piqûre provoque un état de fatigue qui peut conduire à la mort.

Moi, je suis fière d'être une jeune fille afare ! Tout ce que j'ai appris, c'est ma mère qui me l'a enseigné. Elle m'a initiée au tissage des tentes du campement, à la traite des chèvres et des vaches – les hommes ont seuls le privilège de traire les chamelles. J'ai appris aussi à baratter le lait pendant de longues heures.

Un jour je me marierai et quitterai ma tribu. »

SUPERFICIE : 1 104 300 km².
HABITANTS : 58 700 000 Éthiopiens.
POPULATION : Tigréens, Amharas, Somalis, Oromos, Sidamos, Afars, Italiens.
RELIGIONS : islam, orthodoxie, christianisme, animisme et judaïsme.
LANGUES : amharique (officielle), tigréen, anglais, oromo, somali, afar…
MONNAIE : birr éthiopien.
CLIMAT ET MILIEU NATUREL : trois aires climatiques et végétales varient avec l'altitude. Jusqu'à 1 800 m, zone de terres très chaudes et humides avec des steppes arides ; au-dessus de 1 800 m, climat tropical atténué, peuplé et cultivé ; et au-dessus de 2 500 m, une zone de terres froides, domaine de l'élevage et des céréales.
PRINCIPALES RESSOURCES NATURELLES ET AGRICOLES : or, sel. Teff (céréale locale), maïs, avoine, orge, café et coton.

« Le pays reste marqué par la guerre contre l'Érythrée. »
Photo de droite : mon père, avec le dernier né, ses deux épouses et mon grand frère.

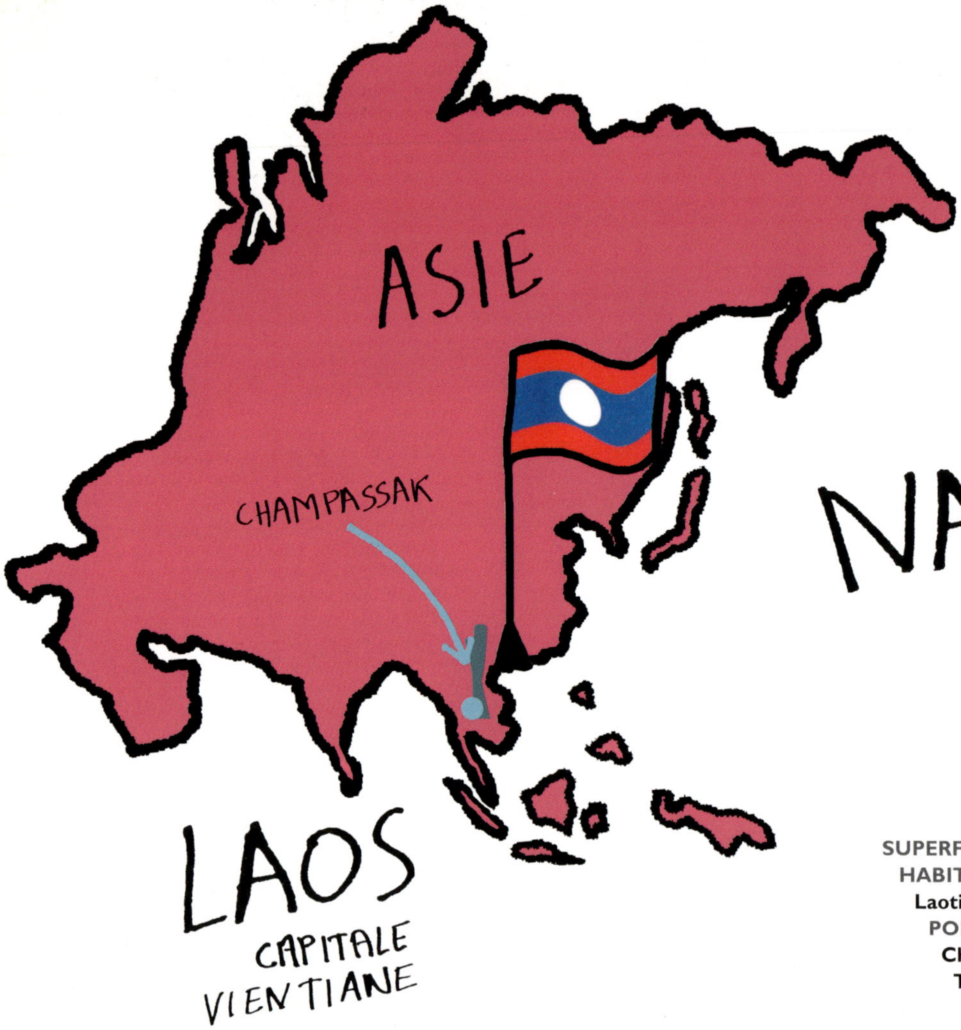

NANG BOUNLAINE
9 ANS

SUPERFICIE : 236 800 km².
HABITANTS : 4 581 000 Laotiens.
POPULATION : Laos, Khâs, Chinois, Vietnamiens, Khmers, Thaïlandais.
RELIGIONS : bouddhisme du Theravada, hindouisme.
LANGUES : lao (officielle), français.
MONNAIE : kip.
CLIMAT ET MILIEU NATUREL : climat tropical de mousson, chaud et humide. La forêt couvre la plus grande partie de ce pays, traversé, sur 1 800 km, par le Mékong.
PRINCIPALES RESSOURCES NATURELLES ET AGRICOLES : étain, fer, cuivre, plomb et pétrole. Riz, maïs, canne à sucre, coton, tabac, pavot. Élevage et pêche fluviale.

« Sabaï dii !

Je pourrais aussi te dire bonjour en français car mon pays a été une colonie française d'Indochine jusqu'en 1953.

Je vis dans la très verte vallée du Mékong, au sud du Laos. Le Mékong, je le vois de ma hutte. C'est le plus grand fleuve d'Asie du Sud-Est. Il en voit du pays ! Il naît sur les hauts plateaux du Tibet, traverse la Chine, fait office de frontière à la Birmanie, au Laos et à la Thaïlande, poursuit sa course au Cambodge pour se jeter enfin, au Viêtnam, dans la mer de Chine.

En bas de chez moi, à côté des échoppes à nouilles, se trouve l'embarcadère. Là, un bac traverse régulièrement le Mékong pour se rendre en Thaïlande. Je n'ai jamais traversé. Mais de nombreux Laotiens et Birmans vont travailler là-bas, attirés par la richesse et la modernité de ce pays.

Mon père, Von, travaille dur pour faire vivre notre famille. Il est forgeron et spécialisé dans la fabrication du coupe-coupe en fer. Ma mère et mes tantes tissent à la main soieries et cotonnades.

J'habite à Champassak, une région historique. Elle a appartenu au grand empire khmer du IXe au XIIIe siècle. Les Khmers forment ce peuple très puissant du Cambodge, rassemblé autour d'un dieu-roi, dans la capitale d'Angkor, qui étendit son royaume jusqu'à chez moi au Laos… Et justement, à côté d'ici, il reste l'un de ces anciens vestiges d'un ancien royaume khmer : le temple de la Montagne, *Vat Phu*. Dans quelques jours, des pèlerins de tout le Laos viendront assister à des cérémonies bouddhistes et hindouistes. Il y aura des matchs de boxe thaïlandaise, des défilés d'éléphants, des combats de coqs et des danses chamaniques… »

« Nous prenons notre repas, accroupis à la façon laotienne. »
Photo de droite : mon père et ma mère avec le bébé (au centre), mes trois tantes (à droite) et nous, les enfants.

FRANCE

CAPITALE
PARIS

MARIE-GABRIELLE

11 ANS

SUPERFICIE : **543 900 km².**
HABITANTS : **60 186 100 Français.**
RELIGIONS : **christianisme, islam, judaïsme…**
LANGUES : **français, alsacien, basque, breton, catalan, corse.**
MONNAIE : **euro.**
CLIMAT ET MILIEU NATUREL : **climat tempéré aux influences continentales, océaniques et méditerranéennes. Grande variété des paysages. Barrière montagneuse, au sud avec les Pyrénées ; à l'est avec les Alpes et le mont Blanc qui culmine à 4 807 m.**
PRINCIPALES RESSOURCES AGRICOLES : **vin (1er rang mondial), lait, bovins, blé, légumes.**

« Kenavo,

Tu l'auras deviné, nous habitons en Bretagne, à Saint-Philibert, dans le golfe du Morbihan. Quand j'ouvre les fenêtres le matin, il y a l'odeur de l'iode, le vent, les mouettes et puis l'Atlantique à perte de vue. Juste en face, ce sont l'île d'Houat et Belle-Île, où nous partons en voilier par tous les temps.

C'est que nous ne sommes pas une famille de terriens comme les autres ! Nous vivons *avec* la mer et *de* la mer. Mes parents sont ostréiculteurs, ils pêchent des crustacés et des coquillages dans la baie de Quiberon, avant de les expédier dans toute la France ou de les vendre directement aux gourmands de passage.

Les huîtres sont élevées dans des parcs. Régulièrement, avec mon père, nous allons vérifier les casiers dans un vieux bateau en bois, la *plate*. Les crabes, les homards et les coquillages, eux, sont pêchés au chalut, un peu plus au large. Pour les palourdes, il faut attendre la marée basse, repérer les petits trous dans le sable, gratter avec un bâton, et la voici repliée dans sa coque. Avec un peu de beurre à l'ail et passée au four, c'est un régal !

Le mercredi et le samedi, je suis les entraînements de voile à La Trinité, comme les marins pour les courses au large. Si tu savais comme la mer est belle avec ses criques abritées du vent, son eau turquoise… Belle mais fragile ! En décembre 1999, quand le pétrolier *Erika* a coulé, il fallait nous voir avec nos brosses, nos seaux et nos pelles en train de frotter les rochers. Il y avait tous ceux de ma classe et des gens venus de partout !

Tu vois, la Bretagne, je ne suis pas la seule à l'aimer. »

« Statuette de pêcheur breton avec sa barbe et son poisson. »

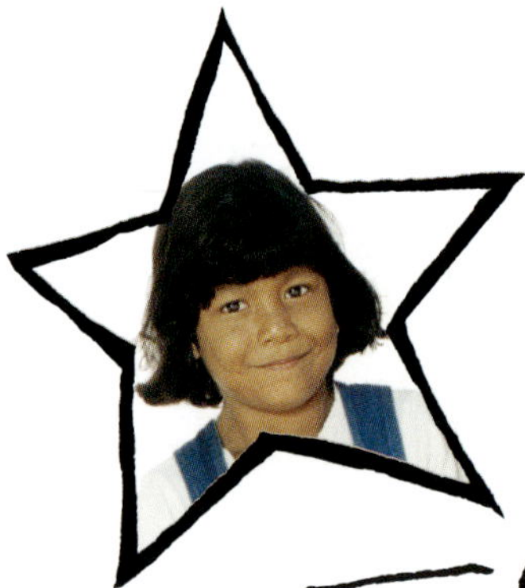

ESTEFANY
6 ANS

« ¿Cómo estas?

Moi, ça va très bien. Je suis tellement heureuse de vivre ici, à Boca del Drago, au large des côtes du Panamá. Je vois des cocotiers, du sable et puis la mer, la mer si bleue des Caraïbes. J'ai l'impression d'être tout le temps en vacances.

Je te présente mon père et ma mère, mon frère Miguel et nos chiens, Chocolate et Vanilia. Nous les avons trouvés sur la plage, quand ils étaient tout petits, et maintenant on ne peut pas faire deux pas sans qu'ils nous suivent jusque dans l'eau!

Dès que j'ai terminé mes devoirs – maman y veille particulièrement, elle est institutrice! –, je prends mon masque, mon tuba et mes palmes et je plonge. Oh, pas très profond. Je reste à la surface, mais c'est suffisant pour observer les tortues vertes de mer, une espèce très protégée. Comme l'eau est transparente, tu peux les voir nager doucement ou alors tu attends le moment où elles remontent à la surface chercher de l'air. J'aimerais en adopter une, mais je crois que Chocolate serait jaloux…

Au fait, tu vois le panneau derrière moi "Cabinas Estefany"? Mon père a donné mon nom aux bungalows qu'il a construits sur la plage pour les touristes. Le problème, c'est qu'il n'y en a pas beaucoup… Il faut dire que la piste pour venir jusqu'ici est mauvaise. Ce qui n'empêche pas le bus de venir tous les matins, à 7 heures 30, pour nous amener à l'école de Bocas del Toro. Ici, tous les enfants parlent le *gari-gari*, un mélange d'anglais des îles, d'espagnol et d'indien, et la maîtresse s'arrache les cheveux pour nous apprendre à parler correctement.

Chocolate a envie d'aller faire un tour sur la plage. Il a sûrement vu une tortue… »

SUPERFICIE : 75 500 km².
HABITANTS : 2 660 000 Panaméens.
POPULATION : Métis, Amérindiens, Noirs, Asiatiques.
RELIGION : catholicisme.
LANGUES : espagnol (officielle), anglais, langues amérindiennes.
MONNAIE : balboa (nom local du dollar).
CLIMAT ET MILIEU NATUREL : climat chaud et humide. Pendant la saison sèche, de janvier à avril, la chaleur est souvent suffocante. Relief montagneux. Le canal de Panamá relie l'Atlantique au Pacifique.
PRINCIPALES RESSOURCES AGRICOLES : bananes, canne à sucre, cacao. Important exportateur de crevettes.

« Ce n'est pas une carte postale, mais bien mon décor de tous les jours! »

CABINAS
ESTEFANY

ADAM
12 ANS

« Salam !
J'habite un endroit extraordinaire, à Pétra, en Jordanie. L'un des plus beaux du monde. Aussi célèbre que les pyramides d'Égypte, la tour Eiffel ou Pompéi en Italie. Si célèbre qu'Indiana Jones va chercher le Saint-Graal dans ce tombeau royal aux allures de palais, qui s'appelle le Khazneh.
Pétra était, au Ve siècle avant J.-C., la capitale des Nabatéens, une petite tribu de nomades arabes qui finit par s'installer ici dans le sud de la Jordanie. Les Nabatéens commercialisaient l'encens, toutes sortes d'épices et d'aromates, des produits de luxe très appréciés à l'époque. Tout le monde gagnait très bien sa vie. La pauvreté était même considérée comme une faute pour laquelle l'on pouvait être puni !
Mais la prospérité du royaume ne dura qu'un temps. Envahisseurs, tremblements de terre, rien ne lui fut épargné. Pétra commença à décliner puis se fit oublier. Mais en 1812, un Suisse, déguisé en Bédouin, pénétra dans la cité !
Papa travaille au conseil de préservation du site. Il y a tant de choses ici : les temples consacrés aux dieux nabatéens – bien qu'arabes, ils n'étaient pas encore musulmans –, mais aussi des nécropoles, un aqueduc, un théâtre, les vestiges des époques romaine et chrétienne. Moi-même, j'ai du mal à m'y reconnaître. En tout cas, les touristes viennent du monde entier admirer ces monuments. Surtout au petit matin, lorsque le soleil éclaire les façades en grès rose, taillées directement dans la falaise ! »

SUPERFICIE : 92 000 km^{2}.
HABITANTS : 5 600 000 Jordaniens.
POPULATION : Palestiniens, Bédouins.
RELIGIONS : islam (sunnites 90 %), christianisme…
LANGUE : arabe.
MONNAIE : dinar jordanien.
CLIMAT ET MILIEU NATUREL : plateau calcaire désertique, proche du désert de Syrie.
PRINCIPALES RESSOURCES NATURELLES ET AGRICOLES : mine et pétrole au nord du pays. 6 % de la surface du pays sont cultivables. Blé, orge, huile d'olive sur les hauts plateaux ; tomates, concombres et agrumes dans la vallée du Jourdain.

« Pour arriver au site du Trésor, on peut prendre une carriole tirée par des chevaux pour passer entre les rochers. »

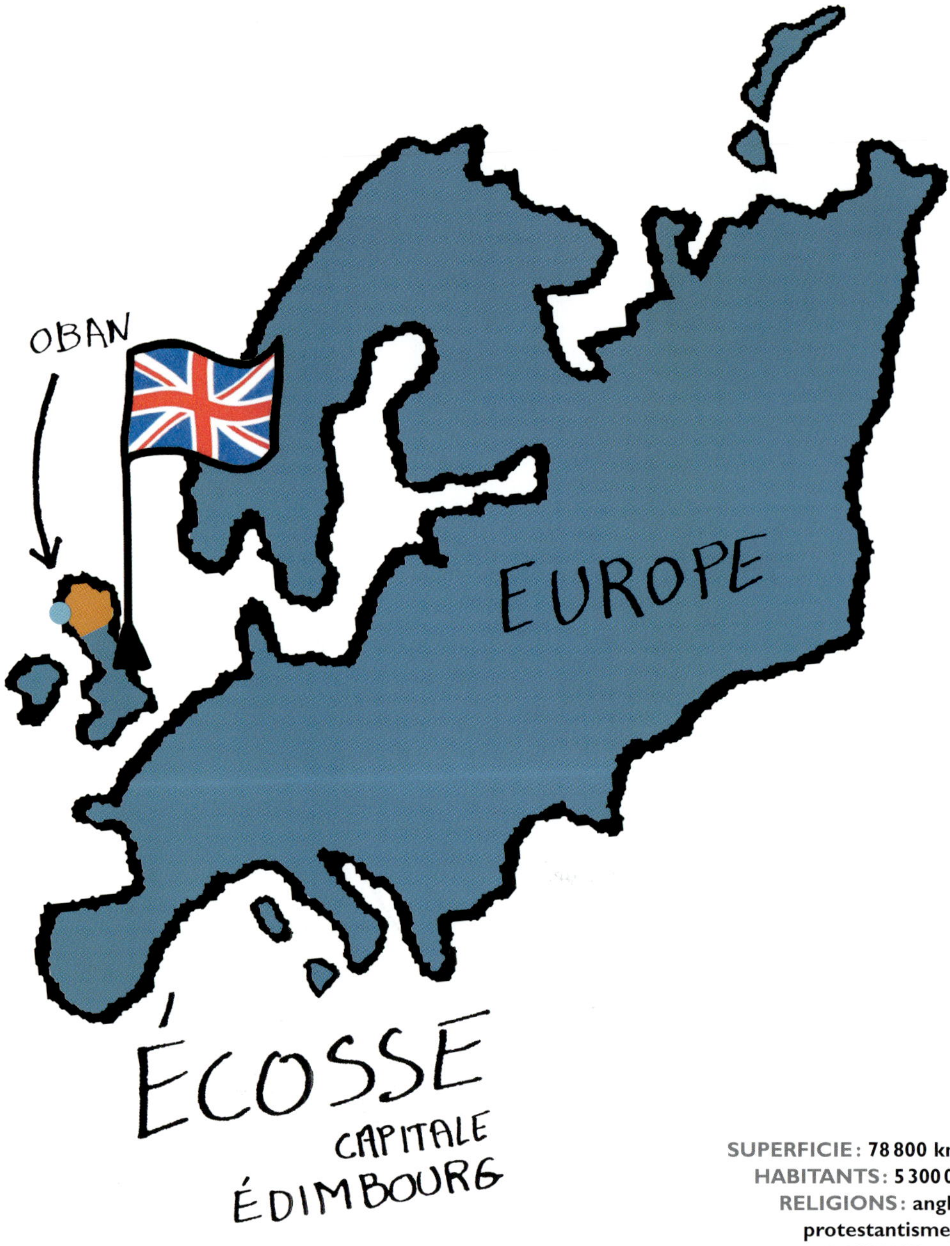

JOHN
10 ANS

« Ceud mile fàilte,

Bienvenue dans les Western Highlands, la plus belle région d'Écosse ! Un des derniers lieux d'Europe où la nature est restée à l'état sauvage. Ici, même l'air est différent. Grand-père – à droite sur la photo – dit que si l'on est marin de père en fils dans la famille, c'est dû à l'iode que l'on respire ici depuis toujours.

J'habite à Oban, au bord de l'Atlantique, un petit port de pêche à l'abri des tempêtes, face à l'archipel des Hébrides, des îles montagneuses et inhospitalières. Dans l'arrière-pays d'Oban s'étend le Loch Awe, le lac le plus long d'Écosse. Quarante kilomètres, sans un seul monstre. Rien que des moutons, des moutons noirs, de la lande à perte de vue, de la bruyère et du vent. L'automne, avec la brume, les châteaux en ruine, comme le Kilchurn Castle, font croire aux fantômes.

Ne va pas croire que la solitude de l'océan et les grands espaces nous rendent tristes. C'est plutôt le contraire ! Viens ici au mois d'août pour les Highlands Games et leurs compétitions sportives plutôt originales, comme le lancer de troncs d'arbres au son des cornemuses ! On danse en kilt, on chante, on en profite pour parler gaélique, une langue d'origine celte, cousine du breton, du gallois, de l'irlandais, et qui date du Xe siècle.

Papa et grand-père s'en vont pour trois jours de pêche à la crevette au large des Hébrides. Ils vont bientôt enfiler leur ciré. La marée monte, d'ailleurs le photographe a de l'eau jusqu'aux mollets… »

SUPERFICIE : 78 800 km^2.
HABITANTS : 5 300 000 Écossais.
RELIGIONS : anglicanisme, protestantisme, catholicisme.
LANGUE : anglais, gaélique.
MONNAIE : livre sterling.
CLIMAT ET MILIEU NATUREL : climat océanique, avec de fortes précipitations et peu d'écarts des températures saisonnières. Forte humidité atmosphérique. Réputée pour ses hautes terres, les Highlands.
PRINCIPALES RESSOURCES AGRICOLES : houille (exploitée depuis le XVIIIe siècle).

L'Écosse est unie à l'Angleterre depuis 1707, date à laquelle le Royaume-Uni de Grande-Bretagne intègre les parlementaires écossais au parlement de Londres. En 1997, le gouvernement britannique accorde à l'Écosse un statut autonome.

« L'Écosse dans toute sa splendeur. Ici, l'île de Skye. »
Photo de droite : mon père, mon grand-père et mon frère.

PHICKMAYA
8 ANS

« Namaste,

J'habite le Sikkim, tout au nord, où l'Inde fait une petite corne, une région reculée sur les contreforts de l'Himalaya, à la frontière du Tibet chinois et du Népal.

Mon pays était un royaume indépendant avant d'être annexé par l'Inde en 1975. Nous, les Lepchas, sommes les tout premiers habitants du Sikkim, et plus très nombreux aujourd'hui. Contrairement aux Népalais et Tibétains qui sont hindouistes et bouddhistes, nous sommes animistes et vénérons les esprits de la nature. Nous aimons la solitude de la forêt et des montagnes, ici à côté de Yuksom.

Nous pratiquons l'art du tissage. D'ailleurs, tu n'as qu'à regarder le style particulier des vêtements de ma tribu. Ma mère, Lai Maya, porte une robe traditionnelle et des bijoux: des bracelets autour des chevilles et un anneau dans le nez, comme toutes les femmes ici.

Nous cultivons la cardamone: une plante que l'on trouve en Inde, souvent utilisée pour parfumer le thé. Lors de la récolte, nous transportons les graines de cardamone sur nos yaks, des vaches au pelage laineux. Ma grande sœur, Mickhang et moi, n'allons pas à l'école. J'adore jouer à la maman en m'occupant de ma petite cousine que je m'amuse à porter dans le dos. Ma région est depuis peu ouverte au tourisme, on dit que c'est l'un des derniers paradis de l'Himalaya tant elle est préservée. Il y en a des choses à faire dans les montagnes. Du trekking sur le Kanchenjunga, le troisième plus haut sommet du monde, qui culmine à 8 598 mètres. Ou, tout simplement, se recueillir dans les somptueux monastères bouddhistes, les *gompas*, au bord de lacs sacrés dont le silence n'est troublé que par le chant des oiseaux et le claquement sec des drapeaux de prières. »

SUPERFICIE : 7 100 km².
HABITANTS : 405 000 Sikkimais.
POPULATION : Tibétains, Sherpas, Népalais, Indiens.
RELIGIONS : hindouisme, bouddhisme, christianisme…
LANGUES : bhuita, napali, lepcha, anglais.
MONNAIE : roupie indienne.
CLIMAT ET MILIEU NATUREL : climat tropical humide. Le Sikkim s'étend sur l'Himalaya oriental.
PRINCIPALES RESSOURCES NATURELLES ET AGRICOLES : cuivre. Céréales, bananes, thé, cardamome.

Autrefois sous protectorat britannique, le Sikkim est, depuis 1975, rattaché à l'Inde.

« Quand la route s'arrête, tout le monde descend de voiture pour continuer en yak. »

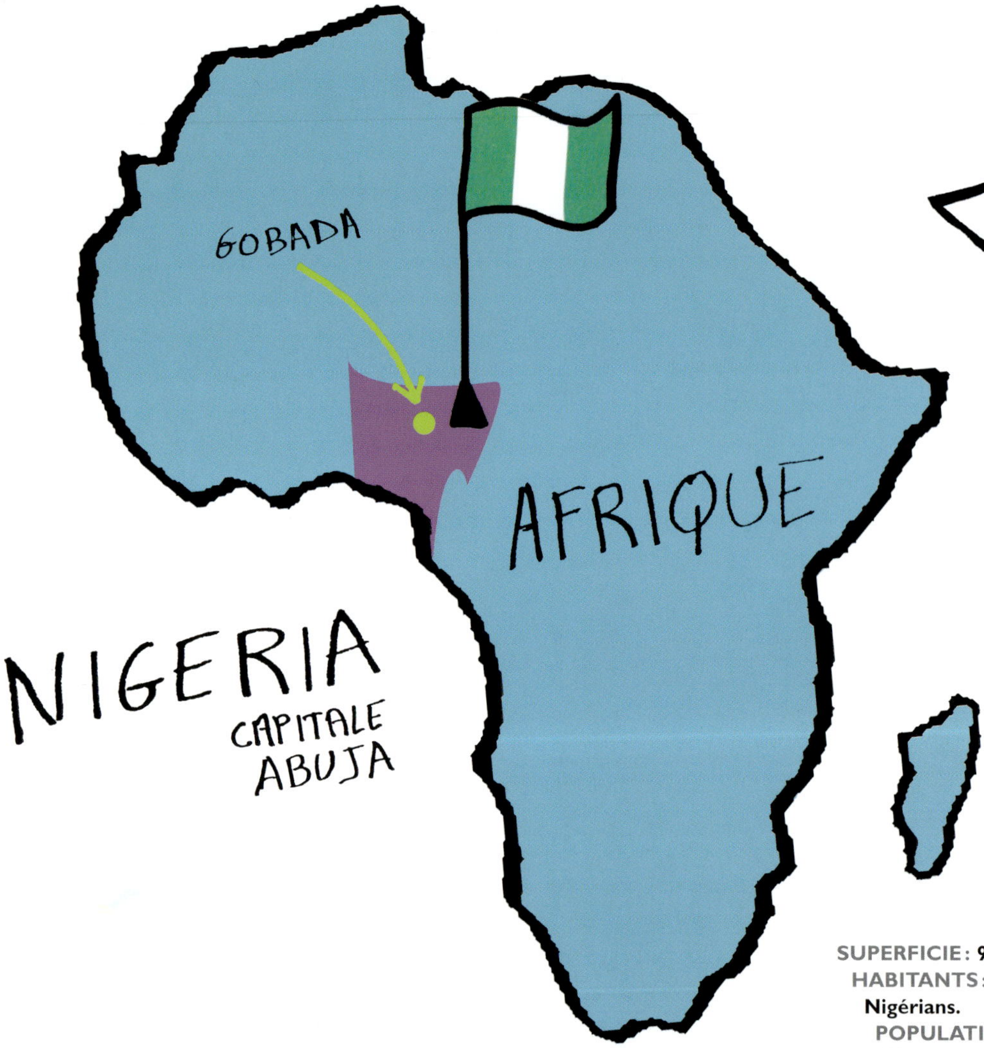

AMADOU

5 ANS

« Ina yini,

Maintenant que je suis grand, je n'arrête pas de courir à droite, à gauche, j'aide maman à trouver du bois pour la cuisine, je vais chercher de l'eau à la source, je dois surveiller les chèvres. Avant, j'étais comme ma petite sœur Amina dans les bras de sa mère, la deuxième femme de papa qui en a trois. Le grand foulard rose qui lui entoure le ventre, c'est pour porter Amina dans son dos, surtout quand elle travaille aux champs ou qu'elle pille le mil dans le mortier en bois de palétuvier.

Ma maman à moi porte des calebasses sur sa tête. Une calebasse, c'est un gros fruit que papa creuse avec ce gros couteau qu'il porte en bandoulière, sa machette. À moi ensuite de la faire sécher au soleil dans la cour de notre maison. Ensuite, la calebasse sert de récipient pour le lait, le riz ou les arachides.

L'année prochaine, j'irai enfin à l'école coranique de Gobada pour apprendre à lire et à écrire. J'espère que le maître ne sera pas trop sévère. Si tu savais comme j'ai hâte d'avoir mon cahier à moi. J'en ai vu des beaux au marché, avec une carte du Nigeria sur la couverture ou des footballeurs de l'équipe nationale, les Super Eagles. J'aurai aussi des stylos à bille de toutes les couleurs. Enfin j'espère, parce qu'ici le papier et les crayons sont comptés.

Comme il fait très chaud ici à Gobada, dans le nord du Nigeria, mon père nous coupe régulièrement les cheveux. Il ne veut pas laisser cette mission à ma mère, il dit que c'est une histoire d'hommes!

Bon, je te laisse, Femi, mon petit frère, veut encore faire un tour dans la petite voiture que j'ai construite avec du fil de fer: il joue au taxi-brousse… »

SUPERFICIE : 923 700 km^2.
HABITANTS : 107 100 000 Nigérians.
POPULATION : Yoroubas, Ibos, Haoussas, Fulanis (Foulbés, Peuls).
RELIGIONS : islam, christianisme, animisme.
LANGUES : anglais (officielle), haoussa, yorouba, ibo, fulani.
MONNAIE : naira.
CLIMAT ET MILIEU NATUREL : au sud, les rives du Niger sont bordées par des mangroves et le sol recouvert d'une forêt tropicale humide. Savane au nord. Climat désertique à l'est aux confins du lac Tchad.
PRINCIPALES RESSOURCES NATURELLES ET AGRICOLES : pétrole, étain, zinc, charbon. Mil, sorgho, maïs, patate. Au nord, riz et bananes, et au sud, manioc.

« Les rues sont toujours très animées. On joue même au billard en plein air ! »
Photo de droite : ma mère (à droite), mon père, la deuxième et la troisième femme de mon père, ma petite sœur et mon frère.

Roms sédentaires devant leur maison, Roumanie.

Famille manouche au grand complet, Irlande.
Photo de droite : Pépé la Fleur, le roi des Gitans, et sa femme, pendant le grand pèlerinage des Saintes-Marie-de-la-Mer (France).

LES GENS DU VOYAGE

Lacho Dives !

Certains les appellent Roms, Gitans, d'autres, Bohémiens, Tsiganes ou Manouches. Ou tout simplement les gens du voyage. Parce qu'ils sont toujours sur les routes, toujours en voyage.

Et leur voyage ne date pas d'hier. Ils auraient quitté l'Inde au Xe siècle pour enfin se poser en Europe centrale, quatre siècles plus tard, avec leurs enfants, leurs bagages et leurs guitares.

Ils étaient reçus et protégés par des aristocrates qu'ils distrayaient avec leurs jeux et leurs danses. Certains ont décidé de rester, les Roms, d'autres de reprendre la route. Ils arrivent en France au XVe siècle. Comme un grand nombre d'entre eux viennent de la région de Bohême, on les surnomme les Bohémiens.

D'autres encore vont pousser leurs roulottes plus au sud, vers le soleil et la mer. Ce sont les Gitans. On les retrouve en Espagne, en Andalousie surtout. D'autres enfin, les Manouches et les Yéniches, préfèrent la route du nord et de l'ouest de l'Europe, dont les îles Britanniques et la France.

La vie en communauté, l'absence d'attachement à une terre et la musique les rassemblent.

Parcourir chaque année des milliers de kilomètres, traverser des frontières ou choisir de se sédentariser, partager une mémoire commune, forgent des solidarités. Dès lors, le pays absent devient famille. Une famille qui ne se limite pas aux liens purement filiaux, mais à la communauté tout entière à laquelle ils appartiennent. Cet oncle éloigné, ce lointain cousin, cet ami du grand-père… La famille tsigane se prend au sens large.

Quant à la roulotte, même si elle ressemble de plus en plus à une caravane, elle regorge de souvenirs des pays parcourus, de statuettes de la Vierge et de bibelots insolites. Les gens du voyage vivent de petits métiers, le travail du cuir ou du fer ; les femmes tressent des paniers en osier et les vendent sur les marchés quand elles ne disent pas la bonne aventure… Et la musique est partout. Autour d'un feu de camp, accompagnant la danse ou la vie de tous les jours, les fêtes, les mariages, les enterrements. Le flamenco pour les Gitans, la guitare pour les Manouches – Django Reinhardt est l'un des plus grands guitaristes de l'histoire du jazz –, l'accordéon pour les Roms.

Aujourd'hui, les gens du voyage sont toujours sur les routes mais cette façon de vivre inspire maintenant crainte et méfiance. Les communes refusent souvent de les accueillir. Pourtant leurs valeurs doivent perdurer dans nos sociétés.

Nane chavem nane bach… « Plus on a d'enfants, plus on est heureux. »

RINAGE DES GITAN

Comme souvent les belles histoires, celle-ci commence à Noël. En décembre 1995, Uwe Ommer, photographe, décide de quitter Paris, où il vit et travaille, pour faire le tour du monde.

Le temps d'organiser son voyage, de trouver des sponsors et d'acheter une voiture – « incassable » selon le constructeur –, et Uwe quitte la France en juillet 1996, pour une première destination : la Grande-Bretagne.

Il sillonne les cinq continents, parcourt 250 000 kilomètres de route et de piste – soit plus de six fois le tour de la Terre. Il rencontre des gens, des gens merveilleux, qu'il aborde dans les endroits les plus surprenants, et leur demande de poser pour lui, avec leur famille au grand complet. Au total, 1 251 familles de quelque 130 pays… Des familles comme la tienne et la mienne. Des familles étonnantes, comme les Massaïs en Afrique, les Aborigènes en Australie ou les femmes girafes d'Asie.

Quatre ans plus tard, en avril 2000, le voyage s'achève à l'autre bout du monde, en Chine. Toutes ces photos sont publiées dans un gros et beau livre : *1 000 Familles* (Taschen, 2000).

Mais l'histoire ne s'arrête pas là…

Sophie Furlaud, journaliste, et Pierre Verboud, professeur en collège, retrouvent Uwe, au hasard d'une rencontre, qui leur propose un livre pour les plus jeunes.

Ainsi naît *Familles*…

Une grande et belle aventure.

CRÉDITS PHOTOGRAPHIQUES

© Uwe Ommer
sauf pour les pages suivantes :
© Abbas/Magnum, p. 78 ;
© Isadora Chen, pp. 20, 86 ;
© Isadora Chen et Nadia Elkebir, p. 111 ;
© Gérard Sioen/Rapho, p. 88.

À Sophie et Boris Huvé

Pour la présente édition :

Dépôt légal : novembre 2002
ISBN : 2-02-056066-6
N° 56066-3
Loi 49-956 du 16 juillet 1949
sur les publications destinées à la jeunesse

www.seuil.com

Photogravure : Seleoffset (Italie)
Imprimé en Italie